# EINFACHE VIELFALT

MAURICE MAGGI - JULIETTE CHRÉTIEN

# EINFACHE VIELFALT

ACHTSAM KOCHEN - REZEPTE UND GESCHICHTEN

MIT ILLUSTRATIONEN
VON MIRA GISLER

AT VERLAG

AT Verlag, Aarau und München
Texte und Rezepte: Maurice Maggi, www.maurice-maggi.ch
Lektorat: Nicola Härms, Rheinbach (Rezepte) und AT Verlag
Fotos: Juliette Chrétien, www.juliettechretien.ch
Grafisches Konzept: Juliette Chrétien und Boris Périsset
Styling und Illustrationen: Mira Gisler, www.miragisler.ch
Satz: AT Verlag
Bildbearbeitung: AT Verlag
Druck und Bindearbeiten: Graspo CZ, a.s.
Printed in Czechia

ISBN 978-3-03800-931-3

www.at-verlag.ch

# INHALT

# VORWORT

Welche Bedeutung hat heute noch ein Kochbuch?

In einer Zeit, wo jedes Rezept im Internet in Sekundenschnelle nachgeschaut werden kann, übernimmt das Kochbuch eine andere Rolle als die einer bloßen Rezeptsammlung. Es geht vielmehr darum – und dies ist auch hier der Fall –, als Koch seine Sicht der Dinge aufzuzeigen.

Dieses Buch wendet sich bewusst ab von der schier unendlichen Vielfalt des Angebots an Produkten, bei der die Saison kaum mehr von Belang ist, und widmet sich der Kunst des Einfachen, der Beschränkung, die – wie es früher üblich war – aus weniger mehr machen musste. Es befasst sich mit zehn alltäglichen Zutaten, die sich jeweils vom Simplen in Varianten weiter steigern. Es soll zum sorgsamen Umgang mit den Nahrungsmitteln anregen und die Achtsamkeit gegenüber unserer Umwelt wecken.

Meine kulinarischen Erfahrungen aus mittlerweile über sechzig Jahren auf Reisen und auf meinem Weg als bewusster Genießer und Koch hat Juliette Chrétien mit ihrer Bildsprache in eindrücklichen Fotografien inszeniert, Mira Gisler hat meine Rezepte und Geschichten mit ihrem Styling und ihren Illustrationen interpretiert.

Dieses Buch widmen wir der Faszination der einfachen Küche, die durch Kreativität und Raffinesse aus Wenigem neue Gerichte zaubert oder sie sinnvoll weiterverwertet. Die Konservierung von Lebensmitteln – einst aus der Notwendigkeit entstanden, Dinge haltbar und lagerfähig zu machen – hat neue Geschmackswelten hervorgebracht: Sauerkraut, Würste oder Bacalhau etwa. Diese und viele weitere kulinarische Welten werden hier erkundet.

Eine gute und schöne Reise durch die Welt der einfachen Zutaten wünschen

Maurice, Juliette und Mira

Zu den Rezepten:

- Alle Rezepte sind für 4 gute Esser gerechnet.
- Ungewohntere Zutaten können durch handelsübliche Lebensmittel ersetzt werden. In den Varianten sind Tipps und mögliche Alternativen beschrieben.
- Bei den angegebenen Backofentemperaturen handelt es sich, sofern nicht anders vermerkt, immer um Ober-/Unterhitze.

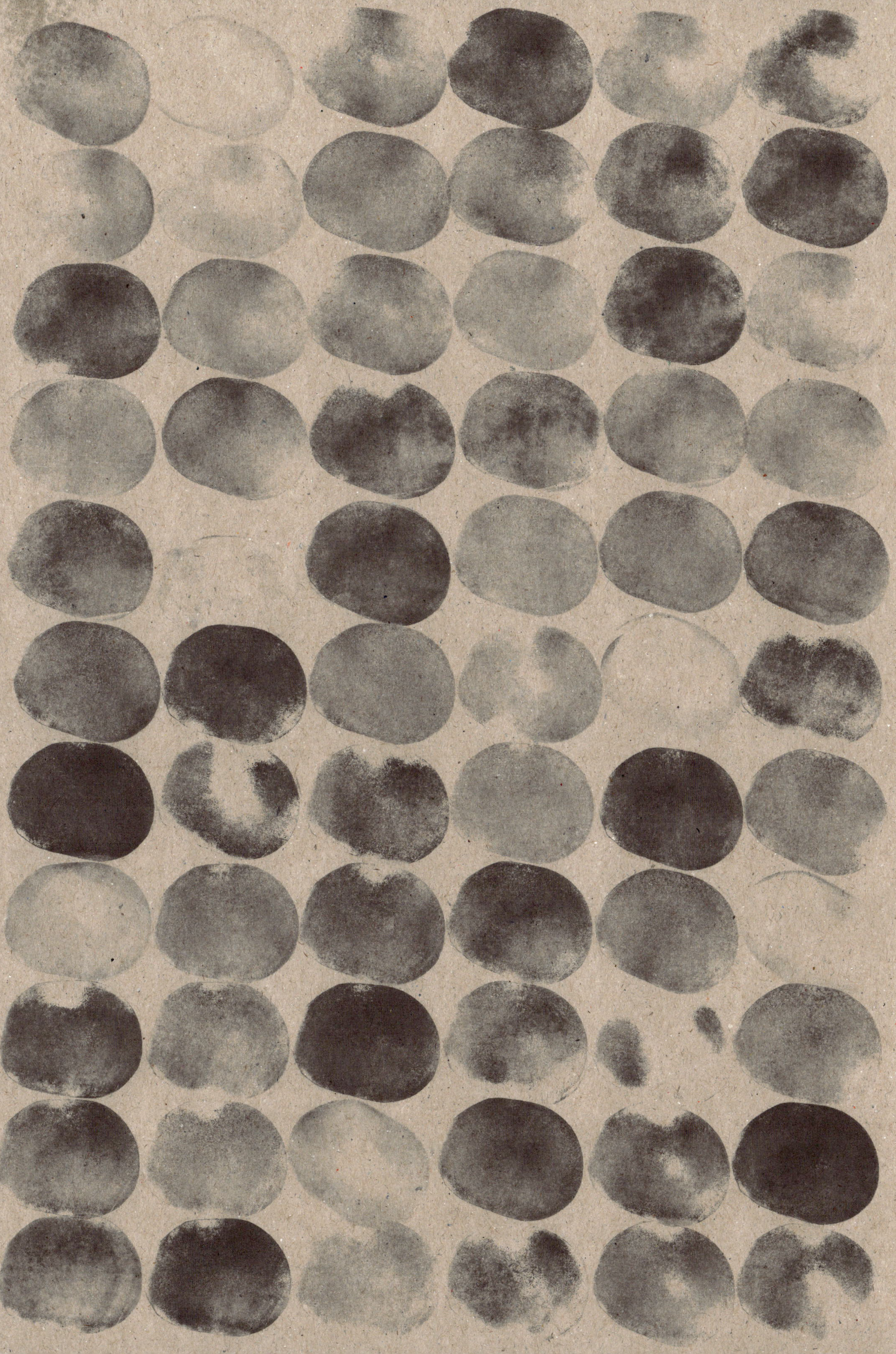

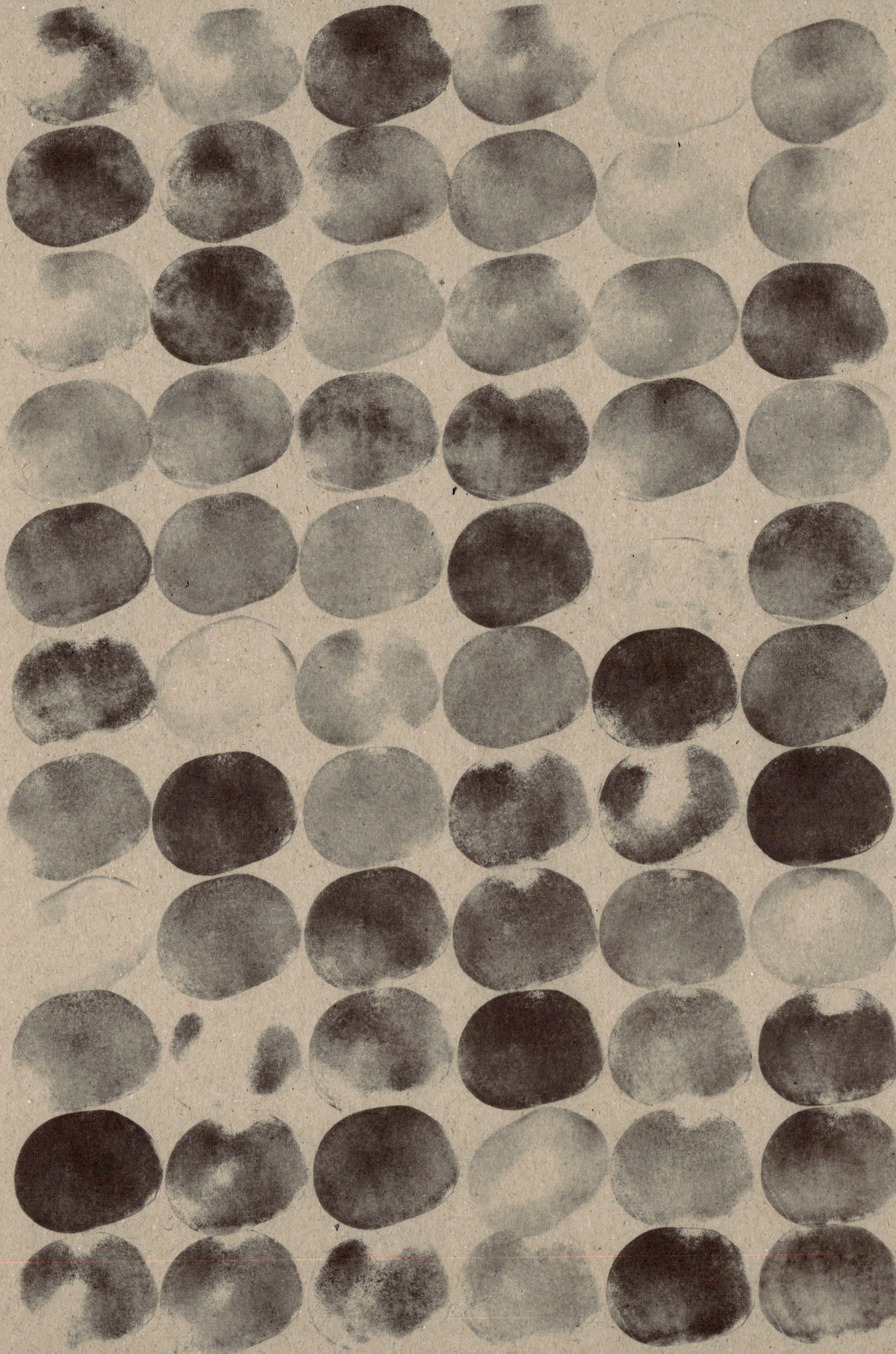

# DIE KARTOFFEL

# AUS DEM KELLER AUF DEN TELLER

Mein Vater mochte keine Kartoffeln und pflegte zu meiner Mutter zu sagen: »Kartoffeln gehören in den Keller und nicht auf den Tisch.« Obwohl meine Mutter Kartoffeln liebte, hatte diese Regel in unserer Familie eiserne Gültigkeit. Ich habe in dieser Beziehung ganz und gar die Vorliebe meiner Mutter geerbt. Müsste ich mich für ein Sättigungs-Grundnahrungsmittel zum Überleben entscheiden, wäre dies die Kartoffel noch vor der Pasta.

Bei uns sind Kartoffeln eine Sättigungsbeilage wie Teigwaren oder Reis. Daher war ich erstaunt, als mir auf einer Südamerikareise Kartoffeln als Gemüse angeboten wurden. Ein so sättigendes und stärkehaltiges Lebensmittel als Gemüse zu betrachten, war für mich sehr befremdlich. Doch in vielen Ländern Afrikas und Südamerikas zählt die nahrhafte Knolle tatsächlich zum Gemüse, vermutlich wegen der botanischen Verwandtschaft mit anderen Nachtschattengewächsen wie Tomate, Aubergine und Zucchini.

Als Stadtkind in Rom aufgewachsen, verbrachte ich Ferien bei meinen ledigen Tanten in Ilanz im Bündnerland. Um mich mit dem ländlichen Leben vertraut zu machen, schickten sie mich für die Kartoffelernte zu einem meiner Onkel. »Frische Luft und körperliche Arbeit werden dir gut tun«, meinte Tante Anna, wobei ihr etwas abschätziger Blick eine andere Sprache sprach.

Alle Helfer und Helferinnen trafen sich also, standen in der Küche am Waschtrog und stopften sich Seife unter die Fingernägel. Die ließe sich nach getaner Arbeit einfach herauswaschen und hinterlasse keine sichelförmigen Erdrückstände unter den Nägeln – wie sie sonst jeden Bauern sofort als solchen verrieten. Meine Cousine bemerkte hämisch, das sei wichtig, sonst dürfe ich nicht mehr zurück zu meinen Tanten, denn »die mögen keine dreckigen Hände«. Wobei der Blick der anderen mir sagte, dass das eigentlich nicht für meine Ohren bestimmt wäre. Eine Lektion nicht nur ganz praktischer Natur, sondern auch in nonverbaler Kommunikation und über die unterschiedlichen Schichten der Gesellschaft (und zugleich deren Verleugnung).

Früher galt die Knolle als banal. Kartoffeln machen dumm, sagt denn auch der Volksmund. Mir aber gefällt die Wandelbarkeit dieser Knolle, die mich beim Kochen stets inspiriert. Kommt hinzu, dass Kartoffeln sehr bekömmlich und leicht verdaulich sind.

»Kartoffeln und Menschen verhalten sich gleich: Erst wenn sie im Dreck liegen, öffnen sie die Augen.« Obwohl ich dieses Sprichwort mit seiner protestantischen Strenge und Unerbittlichkeit nicht mag, ist es doch botanisch korrekt in Bezug auf das Keimen der Kartoffel.

# ROHE RÖSTI

750 g mehligkochende Kartoffeln (Agria, Bintje)
Salz
reichlich Öl (Olivenöl, Sonnenblumenöl) oder Schmalz (Schweine- oder Gänseschmalz) zum Braten
frisch geriebene Muskatnuss, Pfeffer aus der Mühle

Die Kartoffeln schälen, klein raspeln und leicht salzen. In ein Sieb geben und 30 Minuten entwässern, danach gut ausdrücken.

In einer heißen Bratpfanne das Fett erhitzen. Die Kartoffeln dazugeben, mit Muskat und Pfeffer würzen und langsam knusprig braten. Nach 15 Minuten wenden und von der anderen Seite braten.

### Mein Tipp

Meine bevorzugte Art von Rösti ist die rohe Version mit Gänsefett und reichlich fein gehacktem Rosmarin, einigen Estragonblättern und der abgeriebenen Schale einer unbehandelten Orange.

### Varianten

Um die Rösti zu einem vollständigen Gericht zu machen, gebe ich fein geschnittenen Lauch, Wirsing, Kohl, Mangold und/oder andere Gemüse zu den geraspelten Kartoffeln. Auch reichlich Zwiebelringe, etwas Speck oder Käse machen das Gericht reichhaltiger.

# OFENKARTOFFELN

600–800 g kleinere festkochende Kartoffeln
Sonnenblumenöl zum Bepinseln
Salz

Als Kind waren Kümmelkartoffeln meine Lieblingsbeilage, sie passen zu allem. Im Sommer als Sättigungsbeilage zu einem schönen Salat und im Winter zu gebratenem Käse oder zu Raclette.

Die Kartoffeln gut waschen und der Länge nach halbieren. Mit der Schnittfläche nach oben auf einem Backblech verteilen, mit Sonnenblumenöl einpinseln und gut salzen. Im auf 180 Grad vorgeheizten Backofen je nach Größe etwa 20 Minuten backen.

## Mein Tipp

Die Kartoffeln in der Mitte einschneiden und 1 frisches, halbiertes und entstieltes Lorbeerblatt einlegen.
Der Geschmack des Lorbeers harmoniert dezent mit den Kartoffeln, und das Ganze macht optisch richtig etwas her.

## Varianten

Die eingeölten und gesalzenen Kartoffeln mit Kümmel bestreuen. Auch Schwarzkümmel, Kreuzkümmel oder wilde Fenchelsamen eignen sich bestens.

Anstelle von Sonnenblumenöl kann man wunderbar Olivenöl oder Nussöle verwenden. Auch mit einem Aromasalz (Räuchersalz, Chilisalz, Kräutersalz) kann man den Kartoffeln eine persönliche Note und einen interessanten farblichen Akzent geben.

# KARTOFFELSTROH

Als Garnitur auf Salat, Gemüse oder Suppe

200 g festkochende Kartoffeln (Agria, Laura, Primura)
Salz
Reismehl zum Bestäuben
Öl zum Frittieren

Die Kartoffeln schälen und mit dem Gemüsehobel oder dem Julienneschneider in sehr feine Streifen schneiden. Salzen und 30 Minuten entwässern, dann leicht ausdrücken und mit Küchenpapier trocken tupfen. Mit etwas Reismehl bestäuben und zu lockeren Nestern formen.

In der Fritteuse oder in der Pfanne in Öl schwimmend ausbacken. Auf Küchenpapier abtropfen lassen und nochmals leicht salzen.

Variante: Buntes Kartoffelstroh

Gerne mische ich die Kartoffelstreifen mit feinen Streifen von Knollensellerie und Karotte und mit feinen kurzen Petersilienstielen. Das sieht nicht nur hübsch aus, sondern die verschiedenen Geschmacksnoten und Konsistenzen passen und schmecken auch sehr gut.

# KARTOFFELGRATIN

800 g festkochende Kartoffeln (Nicola, Agria, Désirée)
300 ml Milch
500 ml Weißwein
150 ml Vollrahm
1 Lorbeerblatt
Salz, Pfeffer aus der Mühle, geriebene Muskatnuss
30–50 g geriebener Käse und Paprikapulver zum Bestreuen, nach Belieben
Butter für die Form

Die Kartoffeln schälen und in dünne Scheiben schneiden.

Die Milch zusammen mit dem Weißwein und dem Vollrahm aufkochen. Mit dem Lorbeerblatt, wenig Salz, Pfeffer und Muskat würzen und die Kartoffelscheiben dazugeben. Erneut kurz aufkochen.

Alles in eine gebutterte Form geben und 40 Minuten im auf 160 Grad vorgeheizten Backofen backen. Nach Belieben mit etwas geriebenem Käse und Paprikapulver bestreuen und kurz bei 200 Grad gratinieren.

### Mein Tipp

Dieser Gratin passt zu Fleisch- und Gemüsegerichten. Je kräftiger das Gericht, desto einfacher halte ich den Gratin, er soll nicht konkurrieren, sondern nur eine feine Beilage sein.

### Meine herbstliche und fruchtige Variante

Ich ersetze ein Viertel der Kartoffelmenge durch geschälte Quitten- oder Birnenschnitze, und dem Weißwein mische ich wenig Birnen- oder Quittenschnaps bei.

### Andere Varianten

Zusätzlich kann man Thymianblätter, krause Petersilie, Winterkresse, Schnittlauch und/oder Lauch beigeben.

Mehr Würze verleihen Kümmel, Schwarzkümmel, Muskatblüten, Knoblauch und/oder Schabzigerklee.

Als spezielle Variante mische ich blaue oder rote Kartoffeln mit normalen. Das macht nicht nur optisch viel her, die farbigen Kartoffeln haben auch einen schönen charakteristischen Eigengeschmack.

# KARTOFFELPUFFER

700 g festkochende Kartoffeln (Nicola, Agria, Désirée)
Salz
200 g Zwiebeln, in feine Ringe gehobelt
Salz, Pfeffer aus der Mühle, geriebene Muskatnuss
Reismehl, nach Belieben
Bratbutter oder Öl zum Braten

Die Kartoffeln schälen und auf einer groben Röstireibe raspeln. Etwas salzen, in ein Sieb geben und 15 Minuten entwässern lassen. Mit einem Küchentuch trocken tupfen.

Die Zwiebelringe ebenfalls trocken tupfen und unter die Kartoffeln mischen. Mit Salz, Pfeffer und Muskat würzen. Je nach Kartoffelart (deren Stärke- bzw. Wassergehalt) für eine bessere Bindung mit etwas Reismehl bestreuen und alles sorgfältig mischen.

Aus der Kartoffelmasse dünne Plätzchen von etwa 6 cm Durchmesser formen und in heißer Bratbutter oder Öl beidseitig goldbraun braten.

Die Kartoffelpuffer passen als Sättigungsbeilage zu Gemüse und Fleisch oder mit Kräutersauerrahm serviert als vollständige Mahlzeit.

### Varianten

Die Kartoffelpuffer können auch mit Kräutern und Gewürzen wie Majoran, Petersilie, Schnittlauch, Rosmarin, Thymian, Kümmel, Schwarzkümmel und/oder Knoblauch abgeschmeckt werden. Auch Wildkräuter wie Vogelmiere, Bärlauch, Huflattich oder Giersch bieten weitere Varianten.

### Meine Art: Luftige Kartoffelpuffer

Für eine luftige Variante 1–2 steif geschlagene Eiweiß zu der Zwiebel-Kartoffel-Masse geben und mit Safranfäden und Kümmel würzen.

# RÖSTI AUS GEKOCHTEN KARTOFFELN

Eine ideale Verwendung von gekochten Kartoffeln ist eine Rösti, die im Vergleich zur rohen Variante zudem weniger Fett zum Braten braucht und dadurch leichter und bekömmlicher ist. Dazu werden die möglichst bereits am Vortag in der Schale gekochten Kartoffeln geschält und geraspelt. Als Fett eignen sich Olivenöl oder Butter, gerne verwende ich auch eine Mischung von beidem. Wer es rustikal und üppig mag, nimmt Gänse- oder Schweineschmalz. Vor allem in der französischen Landküche wird gerne Gänseschmalz für das Braten aller Arten von Kartoffeln verwendet.

# GSCHWELLTI (SCHALENKARTOFFELN)

Schalen- oder Pellkartoffeln, in der Schweiz »Gschwellti« genannt (von schwellen, in Wasser gar kochen), ergeben mit Käse, Butter und Kräuterquark eine wunderbar einfache Mahlzeit. Dazu werden festkochende Kartoffeln in Salzwasser gekocht, bis sie sich mit einem spitzen Küchenmesser widerstandslos durchstoßen lassen. Schön ist es, dafür verschiedene und farbige Kartoffelsorten zu mischen.

Für eine Portion Gschwellti rechnet man 150–200 g Kartoffeln. Es lohnt sich aber, gleich eine größere Menge zu kochen. Denn daraus lassen sich viele weitere Gerichte abwandeln; sie halten sich trocken im Kühlschrank gelagert 2–3 Tage.



# KARTOFFELKÜCHLEIN



800 g mehligkochende Kartoffeln, gekocht
2 Eigelb
etwas Mehl
Salz, frisch gemahlener Pfeffer, Muskatnuss
Öl oder Bratbutter

Die gekochten Kartoffeln schälen und pürieren. Mit den Eigelben und etwas Mehl binden und mit Salz, Pfeffer und Muskat abschmecken. Zu kleinen Küchlein formen und in Öl frittieren oder in Bratbutter ausbacken.

# KARTOFFELSALAT

800 g festkochende Kartoffeln
400–500 ml heiße, würzige Gemüse- oder Fleischbouillon
1 Zwiebel, fein geschnitten

### VINAIGRETTE

5 EL Olivenöl
3 EL Rotweinessig
Salz, Pfeffer aus der Mühle
reichlich glatte Petersilie, fein gehackt
etwas geriebene Muskatnuss
Senf
Liebstöckel, fein geschnitten

Die Kartoffeln in der Schale 20–25 Minuten kochen, abgießen und etwas abkühlen lassen. Noch warm schälen, in etwa ½ cm dicke Scheiben schneiden und in ein flaches Gefäß legen. Mit der Gemüse- oder Fleischbouillon übergießen.

Die Zutaten für die Vinaigrette glatt verrühren. Die Kartoffeln mit der Vinaigrette und der fein geschnittenen Zwiebel anmachen.

# VARIANTE: MEIN KARTOFFELSALAT

600–800 g festkochende Kartoffeln
1 Bund Petersilie
2 Zwiebeln, in dünne Scheiben geschnitten
3 Knoblauchzehen, fein gehackt
wenig Liebstöckel, fein geschnitten
Rapsöl zum Andünsten
300–500 ml würzige Gemüsebouillon

### VINAIGRETTE

100 ml Apfelessig
150 ml Rapsöl
1 EL milder Senf
Salz, Pfeffer aus der Mühle, geriebene Muskatnuss
1 Bund Schnittlauch

Die Kartoffeln in der Schale 20–25 Minuten kochen, abgießen und etwas abkühlen lassen. Noch warm schälen, etwa ½ cm dicke Scheiben schneiden und in ein flaches Gefäß legen.

Die Petersilienstängel fein schneiden (die Blätter beiseitelegen) und mit den Zwiebeln, dem Knoblauch und dem Liebstöckel in etwas Rapsöl andünsten. Mit der Gemüsebouillon ablöschen und kurz aufkochen. Über die Kartoffelscheiben gießen.

Aus Apfelessig, Rapsöl und Senf eine Salatsauce anrühren. Mit Salz, Pfeffer und Muskat abschmecken. Den Schnittlauch und die beiseitegelegten Petersilienblätter fein schneiden und alles unter die Kartoffeln mischen. Mindestens 30 Minuten marinieren und lauwarm servieren.

### Tipp

Nach Belieben den Salat durch Essiggurken, fein geschnittenen Staudensellerie und/oder hart gekochte Eier anreichern.

# KARTOFFEL-RAPSKERN-SOUFFLÉ

Die Zubereitung ist zwar etwas aufwendig, zusammen mit dem Gemüse ist es aber ein zugleich günstiges wie auch exklusives Gericht. Dazu verwende ich gerne gedünstetes grünes Gemüse wie Spinat, Mangold, Cima di Rapa (Stängelkohl), Catalogna (Zichorie) oder Federkohl (Grünkohl). Die Basis ist ein Brandteig, der für vielerlei süße und salzige Gebäcke verwendet werden kann (Ofenküchlein, Éclairs, Windbeutel).

### BRANDTEIG

100 ml Milch
30 g Butter
1 Prise Zucker
Salz
50 g Weizenmehl
3 Eier

### SOUFFLÉ

500 g Kartoffeln, gekocht
1 Thymianzweig, Blättchen abgezupft
1 EL Rapssamen
40 g Sbrinz, frisch gerieben
Butter für die Förmchen
1 Eigelb zum Bestreichen

### ZUM ANRICHTEN

1 Zwiebel, fein geschnitten
etwas Olivenöl
500 g Mangold, je nach Größe die ganzen Blätter
Salz, Pfeffer aus der Mühle

Für den Brandteig in einem Topf die Milch mit Butter, Zucker und Salz aufkochen. Das Mehl im Sturz (alles auf einmal) dazuschütten und mit der Kelle bei kleiner Hitze so lange stetig rühren, bis der Teig geschmeidig ist und sich als zusammenhängender Kloß vom Topf löst. Dieser Vorgang ist sehr wichtig, es braucht für ein gutes und luftiges Gelingen etwas Geduld. Den Topf vom Herd nehmen und die Eier nacheinander in die Masse einarbeiten.

Für das Soufflé die gekochten Kartoffeln durchpassieren, zum Brandteig hinzugeben und gut untermischen. Die Thymianblättchen, die Rapssamen und den geriebenen Käse hinzufügen.

Die Masse in vier ausgebutterte Back- oder Souffléformen verteilen. Mit dem verschlagenen Eigelb bestreichen und im auf 180 Grad vorgeheizten Ofen 25–30 Minuten backen.

In der Zwischenzeit die Zwiebel in Olivenöl andünsten. Die Mangoldblätter dazugeben und in wenigen Minuten weich dünsten. Mit Salz und Pfeffer abschmecken. Das Soufflé aus dem Ofen nehmen und zusammen mit dem Mangold sofort servieren.

Tipp

Aus dem Brandteig kann man auch Ofenküchlein herstellen. Dazu mit genügend großem Abstand (der Teig geht stark auf, er wird doppelt so groß) auf ein mit Backpapier belegtes Blech dressieren. 15 Minuten kühl stellen, dann im auf 180 Grad vorgeheizten Ofen 20–30 Minuten backen. Die Ofentür während des Backvorgangs nicht öffnen, sonst fällt die luftige Pracht zusammen.

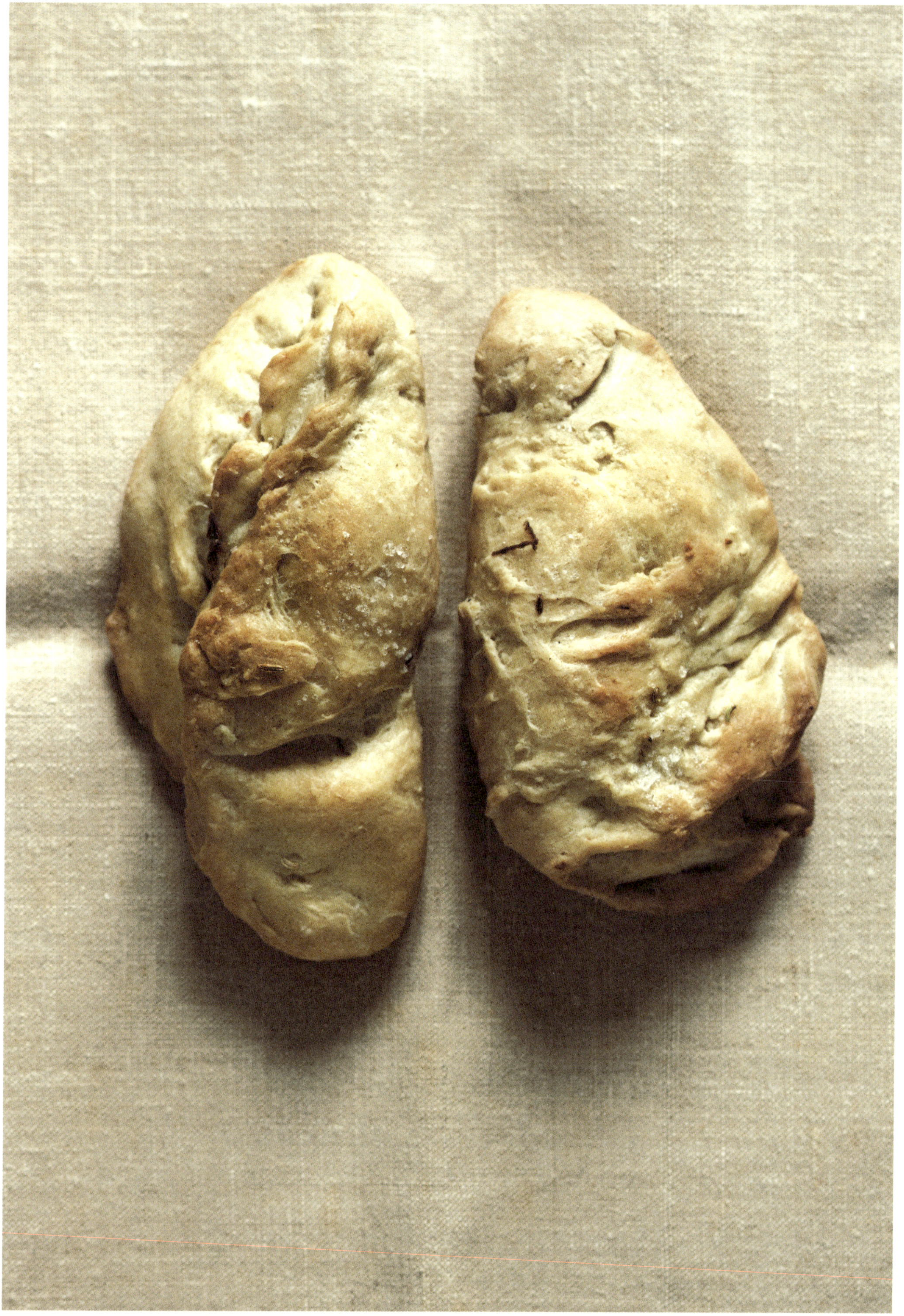

# PANZEROTTI

Eine wunderbare Beilage zu Gegrilltem oder Salaten oder als Snack. Es gibt viele Varianten, sowohl gefüllte als auch ungefüllte. Eine gute Art, um allerlei Reste in neuer Form nochmals als eigenständiges Gericht aufzutischen. Meine Variante ist vegan und kostengünstig. Die Zutaten sind ganzjährig erhältlich.

Für 6–7 Stück

### TEIG

350 g Weizen- oder dunkles Mehl (Halbweiß-, Vollkornmehl)
20 g frische Hefe
1/2 TL Salz
4 EL Olivenöl
225 ml handwarmes Wasser
Olivenöl zum Bepinseln

### FÜLLUNG

2–3 große Kartoffeln, in der Schale gekocht
1/2 rote Peperoncini
4 Knoblauchzehen, fein geschnitten
Olivenöl
1/2 EL Gewürzfenchelsamen (vorzugsweise vom sizilianischen Gewürzfenchel; erhältlich in italienischen Feinkostgeschäften)
etwas Salz

Für den Teig alle Zutaten glatt verkneten und 30 Minuten an einem warmen Ort gehen lassen.

Für die Füllung die gekochten Kartoffeln schälen und in kleine Würfel schneiden. Die Peperoncini halbieren und in feine Streifen schneiden. Etwas Olivenöl in einer Bratpfanne erhitzen und darin Kartoffeln, Peperoncini, Knoblauch und Fenchelsamen andünsten. Leicht salzen.

Den Teig in sechs Portionen teilen, diese zu Kreisen von 10–12 cm Durchmesser ausrollen und mit der Füllung belegen. Zu Halbmonden formen, diese mit Olivenöl bepinseln und auf ein Backblech legen. Im auf 200 Grad vorgeheizten Ofen etwa 15 Minuten goldbraun backen. Warm oder kalt servieren.

Tipp

Sizilianischer Gewürzfenchelsamen (Foeniculum vulgare 'Regaleali') riecht lakritzartig-aromatisch. Es lohnt sich, ihn im Garten selbst anzusäen, denn er gedeiht gut.

# KARTOFFELPÜREE ODER STAMPFKARTOFFELN

800 g mehligkochende Kartoffeln
Salz
20–30 g Butter
150 ml Milch
Salz, Pfeffer aus der Mühle, geriebene Muskatnuss
Rahm, nach Belieben

Diese Zubereitungsart von Kartoffeln ist weitverbreitet und sehr beliebt. Die Grundrezepte von Püree und Stampf sind gleich, sie unterscheiden sich nur in der Struktur voneinander. Ich mag die Konsistenz des Stampfs lieber als die homogene Masse von Püree.

Die Kartoffeln schälen, klein würfeln und in Salzwasser weich kochen. Abgießen und gut abtropfen lassen.
Die Kartoffeln durchs Passevite treiben oder mit einem Kartoffelstampfer zerdrücken. Die Butter und die Milch in einem Topf erwärmen und die Kartoffelmasse dazugeben. Gut verrühren und mit Salz, Pfeffer und Muskat abschmecken. Nach Belieben mit Rahm verfeinern.

### Variante

Für die folgende mediterrane, vegane Variante wird etwas vom Kochsud der Kartoffeln beiseitegestellt. Olivenöl in einer Bratpfanne erhitzen und fein geschnittenen Knoblauch darin andünsten. Die Kartoffelmasse dazugeben und mit etwas von dem Sud cremig rühren. Nach Belieben mit Peperoncini würzen. Mit reichlich Basilikum oder anderen Küchenkräutern wie Liebstöckel, Dill, Kerbel, Schnittlauch oder Petersilie abschmecken.

### Meine Lieblingsart

Den Kartoffeln etwas Gemüse beimischen. Ich nehme am liebsten ¼ Sellerieknolle. Aber auch Kerbelwurzel, Petersilienwurzel, Pastinake, Kürbis, Blumenkohl, Kohlrabi oder Randen (Rote Beten) eignen sich hervorragend. Neben dem Eigengeschmack der Gemüse spielt natürlich auch die farbliche Komponente mit.

### Tipp

Es lohnt sich, eine größere Menge der Kartoffelmasse zuzubereiten, denn daraus entstehen wunderbare weitere Gerichte, darunter Klassiker wie Pommes dauphines oder Prinzesskartoffeln; für Letztere wird die Kartoffelmasse mit Brandteig gemischt und ausgebacken.

Auch Kartoffelkroketten, Arancini oder Kartoffelküchlein sind gute Resteverwertungen. Für diese Zubereitungsarten wird die Kartoffelmasse mit Eigelb und teils mit Mehl gebunden, dann frittiert oder ausgebacken.

# BRATKARTOFFELN

600–800 g festkochende Kartoffeln
Öl, Butter oder Schmalz
Salz, Pfeffer aus der Mühle

Eine schöne und vielseitig wandelbare Beilage. Dabei kann man die Kartoffeln geschält oder mit der Schale verwenden; auch Größe und Schnittart lassen sich beliebig variieren: halbiert, in Schnitze, Scheiben oder kleine Würfel geschnitten.

Bratkartoffeln müssen immer reichlich gesalzen werden. Eine raffinierte Variante ist, für Bratkartoffeln oder für eine gestürzte Tarte die Kartoffeln zuerst mit wenig Zucker und Butter oder anderem Fett zu karamellisieren. Als Würze braucht es dann ein grobkörniges Salz und viel Pfeffer.

Die Kartoffeln beliebig schneiden. In heißem Fett anbraten, würzen und schön goldbraun und knusprig braten.

### Variante

Bratkartoffeln mit frischem Rosmarin sind der Klassiker, aber auch Salbei, Majoran, Thymian, Schnittlauch oder Petersilie passen wunderbar.

### Mein Favorit

Mit etwas Oliven, zerstoßenem rosa Pfeffer und fein geschnittenen Stielen von glatter Petersilie anbraten. Sobald die Kartoffeln eine goldbraune Farbe haben, die grob gehackten Blätter der Petersilie, Salz und eine Spur Safran beigeben und fertig braten.

# GNOCCHI

600 g mehligkochende Kartoffeln
2 Eier (ganz oder nur die Eigelbe)
ca. 200 g Weizenmehl
Salz, Pfeffer aus der Mühle, geriebene Muskatnuss
Mehl für die Arbeitsfläche
heißes Olivenöl oder heiße Butter zum Anrichten

In ihrer ursprünglichsten Form finden sich Rezepte oft nicht in der Heimat eines Gerichts, sondern in den Kolonien der Emigranten, wo sie nahezu unangetastet erhalten bleiben.

Wie viele andere waren auch die Italiener eine große Auswanderernation. Nach den USA ließen sie sich in Argentinien nieder und haben dessen Küche stark geprägt. So gab und gibt es in Argentinien traditionell am 28. oder 29. jedes Monats Gnocchi zum Abendessen, ein preiswertes Gericht, wenn zum Monatsende nur noch wenig Geld übrig war. Tatsächlich lassen sich Kartoffelgnocchi für zehn Personen für weniger als zehn Franken zubereiten. Heute bezahlen wir im Restaurant für das zur Delikatesse erhobene einstige Armeleutegericht gerne einen höheren Preis und werten damit den Aufwand der Zubereitung höher als die Kosten der Zutaten.

Die Kartoffeln schälen und 20–25 Minuten in kochendem Wasser garen. Abgießen, leicht abkühlen lassen, mit dem Passevite oder der Kartoffelpresse in eine Schüssel passieren und vollständig auskühlen lassen. Die Eier verschlagen und zugeben (bei festkochenden Kartoffeln nur die Eigelbe verwenden). So viel Mehl einarbeiten, bis eine zähe, aber trockene Masse entstanden ist. Mit Salz, frisch gemahlenem Pfeffer und Muskatnuss würzen.

Aus dem Kartoffelteig auf einer mit Mehl bestäubten Arbeitsfläche gleichmäßig dicke Rollen von 2–3 cm Durchmesser formen und diese mit dem Messer in 3 cm lange Stücke schneiden. Die Gnocchi in siedendem Salzwasser etwa 5 Minuten gar ziehen lassen. Mit einer Lochkelle abschöpfen, abtropfen lassen und vor dem Servieren in heißem Olivenöl oder heißer Butter kurz schwenken.

### Variante

Ein Drittel der Kartoffelmenge durch im Ofen gebackenen und dann pürierten Kürbis ersetzen.

# MEIN LIEBLINGSREZEPT: GRÜNE GNOCCHI

400 g mehligkochende Kartoffeln
200 g Knollensellerie
Salz
1–2 Handvoll Brunnenkresse, fein gehackt
1 Ei
200–300 g Weizenmehl
Salz, Pfeffer aus der Mühle, geriebene Muskatnuss
Mehl für die Arbeitsfläche
heißes Olivenöl oder heiße Butter zum Anrichten

Die Kartoffeln und den Sellerie schälen und in kleine Würfel schneiden. Beides zusammen in Salzwasser weich kochen, abgießen und gut abtropfen lassen; 100 ml des Kochsuds beiseitestellen. Die Kartoffeln und den Sellerie mit dem Passevite oder der Kartoffelpresse in eine Schüssel passieren.

Die fein gehackte Brunnenkresse mit dem beiseitegestellten Kochsud pürieren und zur Kartoffel-Sellerie-Masse geben. Das Ei aufschlagen, dazugeben und gut vermengen. Nach und nach so viel Mehl einarbeiten, bis ein elastischer Teig entstanden ist (die Mehlmenge hängt von der Kartoffelqualität ab, die je nach Sorte und Jahreszeit stark variieren kann). Mit Salz, Pfeffer und Muskat abschmecken.

Aus dem Kartoffelteig auf der mit Mehl bestäubten Arbeitsfläche gleichmäßig dicke Rollen von 2–3 cm Durchmesser formen und mit dem Messer in 3 cm lange Stücke schneiden. Die Gnocchi in siedendem Salzwasser etwa 5 Minuten gar ziehen lassen. Mit einer Lochkelle abschöpfen, abtropfen lassen und vor dem Servieren in heißem Olivenöl oder heißer Butter kurz schwenken.

### Variante

Statt Brunnenkresse kann man die Gnocchi auch mit Petersilie, Portulak, Kresse oder Mangold schön grün färben und ihnen entsprechend Geschmack geben.

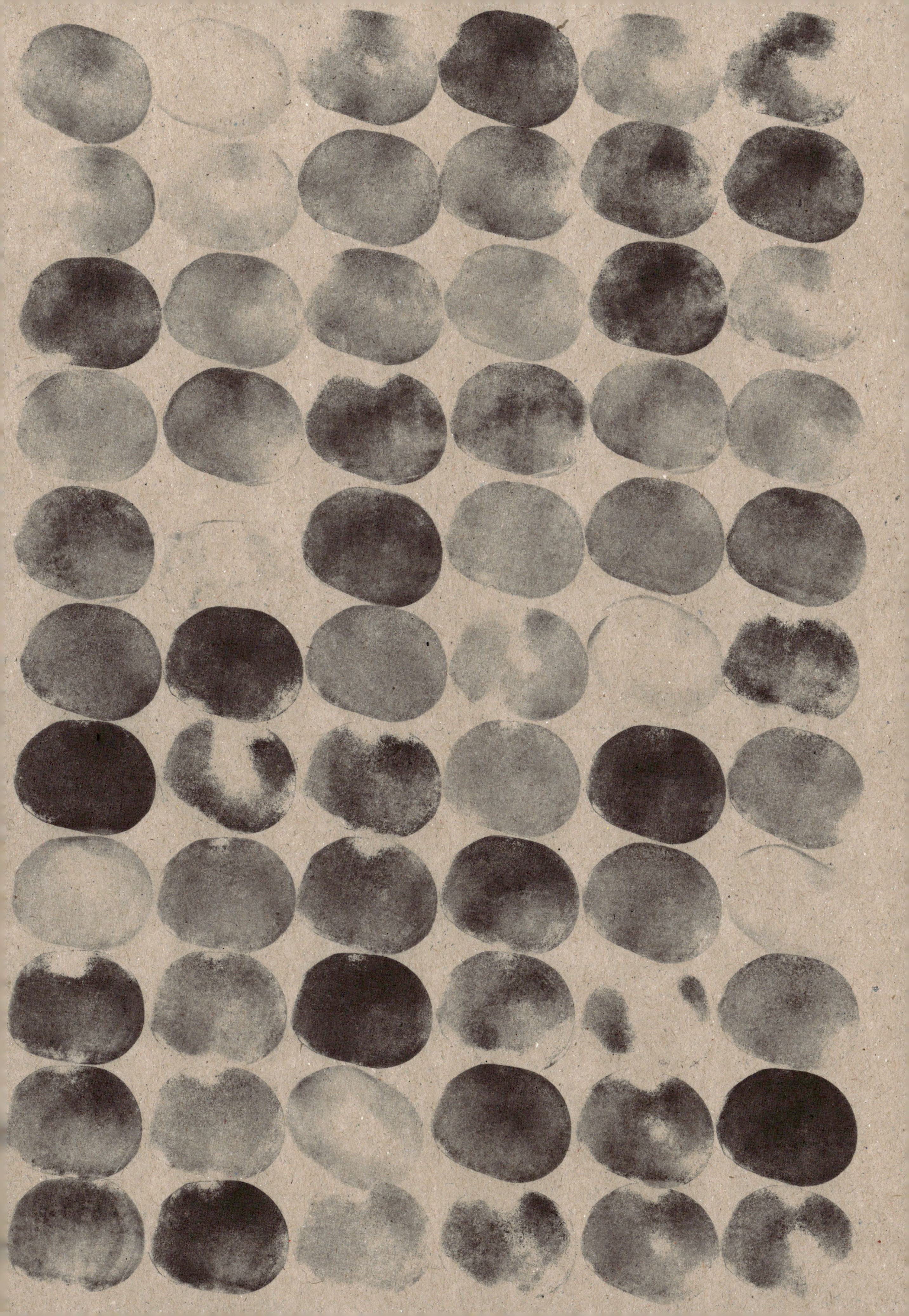

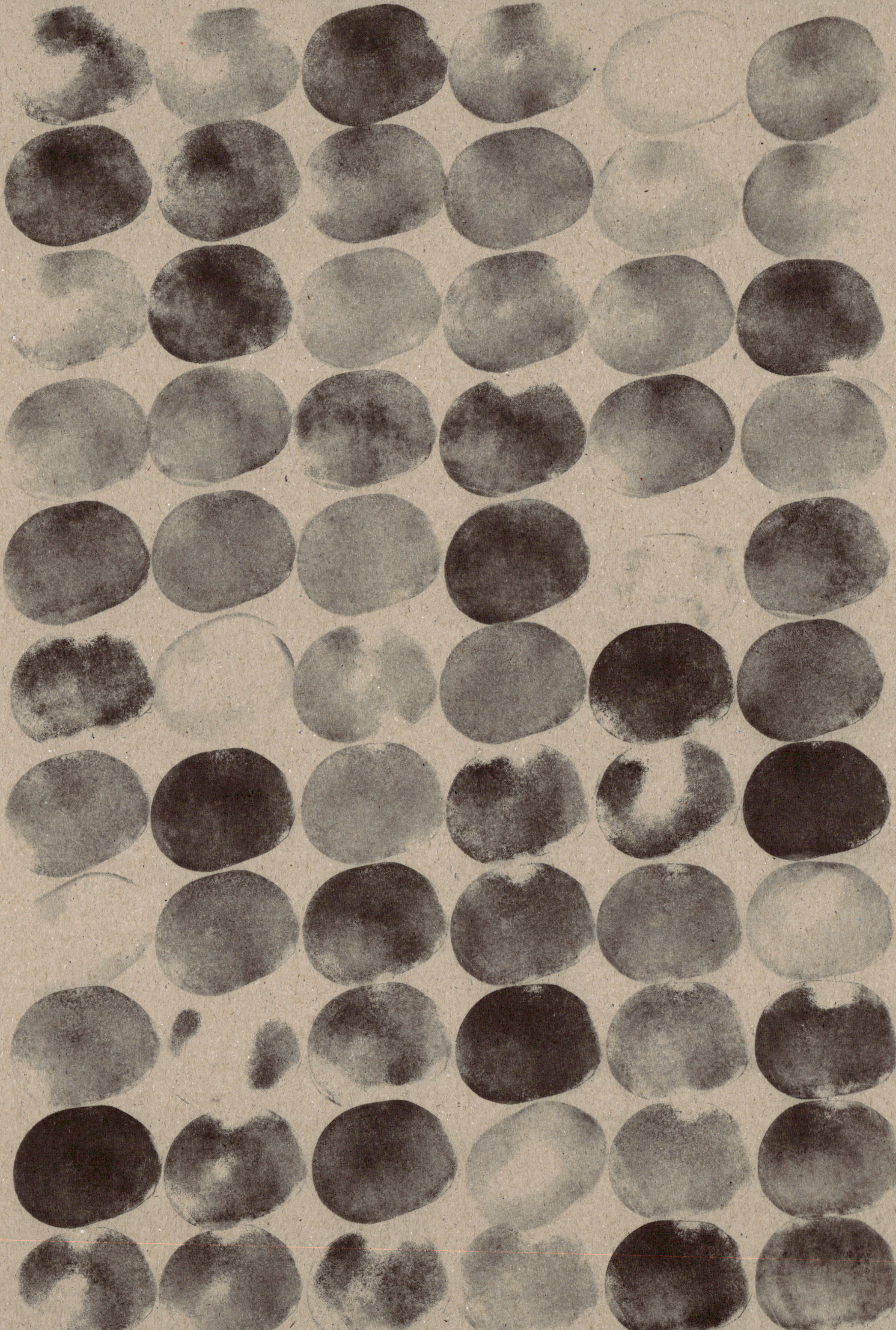

# DAS EI

MIX

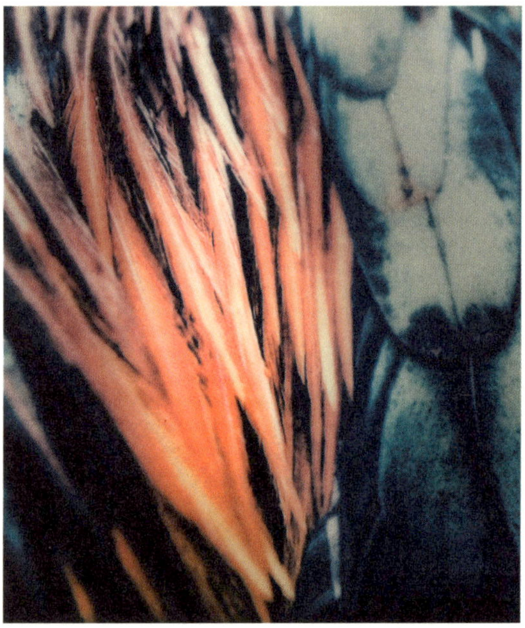

DEUTSCHES BUSCHHUHN
MARANS
VORWERK
MIX BUSCHHUHN MARANS
OSTFRIESISCHE MÖWE

# Ei, Ei, Ei ...

Mein tägliches Frühstücksei ist mir wichtig und unverzichtbar, mit einem guten Ei am Morgen ist der Start in den Tag schon fast geglückt. So liegt mein jährlicher Eierbedarf bei rund 400 Stück.

Eine Legehenne legt 0,8 Eier pro Tag, im Jahr 292 Stück. Und wenn nach etwa einem Jahr ihre Legeleistung nachlässt, versteht es sich von selbst, dass auch die ausgedienten Hühner in der Küche verwertet werden. Daher gehört ab und zu ein Suppenhuhn auf den Speiseplan. Als stärkende Hühnersuppe und als Zutat für Pies, Salate oder Currys gut zu verwenden.

Meine Mutter lehrte uns, dass das perfekte 3-Minuten-Ei so lange braucht wie drei Vaterunser. Dann ist das Weiße noch von leicht wabbeliger, aber dennoch gestockter Konsistenz und das Gelbe schön sämig flüssig, genau so wie ich es liebe. Nicht zuletzt also auch ein guter Grund, die gute alte Tradition des Gebets hochzuhalten.

In meiner Zeit in New York nahm ich mein Frühstück gerne auswärts ein. Breakfast an der Myrtel Avenue in Brooklyn für 3.80 Dollar. Das Lokal geführt von einem Exilgriechen, am Herd zwei flinke Latinos. Sie braten und toasten ganz nach den Wünschen der Kunden: »Over easy, sunny side up, only eggwithe, only egg yolk ...« Dasselbe beim Toast, dem Speck und den Bratkartoffeln – ob dunkel getoastet, der Speck besonders knusprig, die Kartoffeln ohne Zwiebel und dafür mit extra Butter. Nach dem dritten Mal kannten sie auch meine bevorzugte Variante: zwei Rühreier mit knusprigem Speck, nur einen Vollkorntoast, dafür mehr Bratkartoffeln.

Für mich ist das Aufstehen und Frühstücken wie eine Art embryonaler Zustand. Gerne habe ich dabei meinen Trott und mein Ritual: Ei, Milchkaffee und Zeitung. Danach bin ich gerne bereit, der Außenwelt zu begegnen.

# 3-MINUTEN-EI

In meinem 3-Minuten-Ei soll das Weiße schön gestockt sein, das Eigelb aber noch flüssig. Dazu braucht es exakt 3 Minuten Kochzeit in sprudelnd kochendem Wasser. Mit etwas normalem oder aromatisiertem Salz würzen.

# GEFÜLLTE EIER

4–6 Eier
Salz, Pfeffer aus der Mühle
2–3 EL Apfel- oder Kräuteressig
1 EL milder Senf
etwas Schnittlauch, in Röllchen geschnitten

Gefüllte Eier gab es in meiner Kindheit auf jedem Hors-d'œuvre-Teller. Für mich bedeuteten sie puren Luxus, obwohl es doch eine einfache und günstige Speise ist. Auf die schöne Verpackung kommt es an!

Die Eier 10 Minuten kochen, dann kalt abschrecken. Auskühlen lassen, schälen und der Länge nach halbieren.

Das Eigelb sorgsam auslösen und in eine Schüssel geben. Mit einer Gabel zerdrücken, leicht salzen und pfeffern. Den Essig und den Senf dazugeben und alles gut vermischen. Die Schnittlauchröllchen unterziehen und abschmecken.

Die Füllung in einen Spritzbeutel geben und die Eihälften damit füllen.

Variante

Ein paar gehackte Kapern, in feinste Würfel geschnittene Essiggurken oder klein geschnittenes Sardellenfilet geben der Füllung eine spezielle Note.

# POCHIERTES EI MIT LÖWENZAHN- ODER SPINATSALAT

Den Salat in eine Schüssel geben. Das Rapsöl mit dem Apfelbalsamico, etwas Senf, Zwiebelwürfeln, Salz, Pfeffer und den Schnittlauchröllchen zu einem Dressing verrühren und mit dem Salat vermischen.

Die rohen Eier einzeln in einer flachen Schöpfkelle aufschlagen, behutsam in siedendes Essigwasser geben und 2–3 Minuten sieden. Vorsichtig herausnehmen, mit Salz und Pfeffer würzen und auf den Salat legen.

### Tipp

Dies ist die klassische Methode, Eier zu pochieren. Die moderne ist, ein kleines Glas mit Klarsichtfolie auszukleiden und diese zu ölen. Dann das rohe Ei hineingeben, die Folie mit einer Klammer verschließen und in das siedende Wasser geben.

4 Eier
100 ml Tafelessig
Salz, Pfeffer aus der Mühle

### SALAT

1 Schüssel Löwenzahn oder junger Spinat, ersatzweise jeder andere Blattsalat
6 EL Rapsöl
4 EL Apfelbalsamico
Senf
1 Zwiebel, fein gehackt
Salz, Pfeffer aus der Mühle
etwas Schnittlauch, in Röllchen geschnitten

# SPAGHETTI CARBONARA – DIE EDLE VARIANTE

Ca. 300 ml Olivenöl
4 Eigelb
5–8 Salbeiblätter, in feine Streifen geschnitten
100 g Speckwürfel
4 Knoblauchzehen, in feine Scheiben geschnitten
schwarzer Pfeffer aus der Mühle
240–320 g Spaghetti
Salz
Parmesan oder Pecorino, frisch gerieben

Dieses einfache, aber köstliche Gericht wird heute in vielen Restaurants zu Spaghetti mit irgendeiner Speck-Rahmsauce degradiert. Dabei hat es durch seine Geschmacksfülle Weltruhm erlangt.

Etwas von dem Olivenöl in eine kleine feuerfeste Form geben und die Eigelbe hineinlegen. Mit Öl bedecken und 1 Stunde im auf 100 Grad vorgeheizten Backofen garen. So wird das Eigelb zähflüssig.

2 Esslöffel Olivenöl in eine heiße Bratpfanne geben und die Salbeiblätter darin knusprig braten. Die Speckwürfel dazugeben und glasig braten. Den Knoblauch zugeben und anbraten, aber nicht zu dunkel werden lassen, sonst wird er bitter. Mit reichlich frisch gemahlenem schwarzem Pfeffer würzen.

Die Spaghetti in kochendem Salzwasser al dente kochen, abgießen, abtropfen lassen und zur Speckmischung in die Bratpfanne geben. Alles gut vermengen.

Die Spaghetti auf Tellern anrichten und in die Mitte jeweils 1 gestocktes Eigelb setzen. Dazu geriebenen Parmesan oder Pecorino reichen.

# SALZIGE MERINGUES ALS KNUSPERGEBÄCK

Eine gute Verwertung von übrig gebliebenem Eiweiß, beispielsweise von den Spaghetti Carbonara (Seite 48).

2–3 Eiweiß
Rosmarin, fein gehackt
1 unbehandelte Orange, abgeriebene Schale
Knoblauch, gepresst
Salz, Pfeffer aus der Mühle

Das Eiweiß sehr steif schlagen. Mit fein gehacktem Rosmarin, etwas abgeriebener Orangenschale, Knoblauch sowie Salz und Pfeffer würzen.

Die Masse in einen Spritzbeutel füllen und auf ein mit Backpapier belegtes Blech Rosetten oder Stangen von etwa 5 cm Länge spritzen. Etwa 1 Stunde im auf 120 Grad vorgeheizten Backofen backen, dann den Ofen ausschalten und die Meringues in der Wärme austrocknen lassen.

Die Meringues kann man zum Aperitif reichen, auf Suppen geben oder als Garnitur verwenden.

Tipp

Das Eiweiß ist dann sehr steif geschlagen, wenn man die Schüssel umdrehen kann, ohne dass der Eischnee herausfällt. Ein alter Trick, um die richtige Konsistenz zu überprüfen.

Varianten

Nach Belieben mit Dill, Thymian, Zitronenschale oder rosa Pfeffer würzen.

Für eine süße Variante 5–10 g Puderzucker pro Eiweiß verwenden, sonst vorgehen wie beschrieben.

# QUARKBLINI AUF BRENNNESSELGEMÜSE

**BLINI**

500 g Magerquark
4 Eier
120 g Hartweizendunst oder Grieß
1 unbehandelte Zitrone, abgeriebene Schale
Salz, Pfeffer aus der Mühle
Sonnenblumenöl zum Braten

**BRENNNESSELGEMÜSE**

1–2 Zwiebeln, fein gehackt
1 Knoblauchzehe, fein geschnitten
Sonnenblumenöl zum Dünsten
500 g Brennnesseln, ersatzweise Spinat oder Mangold
Salz, Pfeffer aus der Mühle

Den Magerquark mit den aufgeschlagenen Eiern mischen. Den Hartweizendunst oder Grieß, etwas abgeriebene Zitronenschale, Salz und Pfeffer dazugeben. 30 Minuten stehen lassen, damit der Grieß quellen kann. Jeweils 2 Esslöffel von der Masse abstechen und in Sonnenblumenöl zu goldbraunen Talern braten.

Für das Brennnesselgemüse die Zwiebel- und Knoblauchwürfel in Sonnenblumenöl andünsten, die Brennnesseln zugeben und kurz mitdünsten. Mit Salz und Pfeffer würzen.

Die Blini auf dem Brennnesselgemüse anrichten.

Varianten

Die Zitronenschale kann durch abgeriebene Orangen- oder Bergamottenschale ersetzt werden. Als zusätzliches Gewürz macht sich Safran gut.

Und zu den Brennnesseln passen Kräuter wie Petersilie, Schnittlauch, Estragon und/oder Salbei hervorragend.

Blini sind eine wunderbare Beilage zu Spargeln, Spinat und wildem Kräutersalat.

# JAPANISCHES OMELETT MIT NORI UND CHIASAMEN

2 EL Chiasamen
Sojasauce
Cayennepfeffer
4–6 Eier
Salz, Pfeffer aus der Mühle
Öl oder Butter zum Braten
2–3 Norialgen-Blätter

Die Chiasamen 6–8 Stunden in Wasser quellen lassen, absieben und gut abtropfen lassen. Mit etwas Sojasauce und Cayennepfeffer marinieren.

Die Eier aufschlagen und mit Salz und Pfeffer würzen. Die Eiermasse in einer heißen Bratpfanne in Öl oder Butter unter wiederholtem Rühren stocken lassen. Das Rührei in der Bratpfanne verteilen, die Chiasamen in der Mitte längs verteilen und die Seiten einklappen, sodass die Chiasamen eine Füllung ergeben.

Ein Noriblatt auf eine Sushi-Rollmatte legen und mit Wasser bepinseln. Etwa die Hälfte der Eimasse darin einwickeln. Mit den restlichen Zutaten ebenso verfahren, bis alles aufgebraucht ist. Mit einem scharfen Messer halbieren oder vierteln und warm oder kalt servieren.

Die Omelett-Häppchen kann man pur essen, angerichtet auf einem Salat oder auch als spezielles Sushi.

# KARAMELLKÖPFCHEN

Für 4 große oder 6 kleine ofenfeste Portionsförmchen

100 g Zucker
500 ml Milch
1 Vanilleschote, längs aufgeschlitzt
1 unbehandelte Zitrone, abgeriebene Schale
3–4 Eier
60–75 g Zucker

Ein altbewährter Dessertklassiker, der sorgfältig hausgemacht immer noch traumhaft schmeckt.

Den Zucker bei kleiner Hitze karamellisieren lassen. Vorsichtig 60 ml warmes Wasser dazugeben und unter stetigem Rühren aufkochen, bis sich der Zucker vollständig aufgelöst hat. Den Karamell in die Förmchen verteilen und auskühlen lassen.

Die Milch mit der aufgeschnittenen Vanilleschote und der Zitronenschale aufkochen. Etwas abkühlen lassen.
Die Eier mit dem Zucker aufschlagen und unter die etwas ausgekühlte Milch geben.

Die Masse in die Förmchen auf den Karamell geben.
Im Wasserbad im Backofen bei 160 Grad Ober- und Unterhitze zugedeckt etwa 45 Minuten garen, bis die Masse gestockt ist. Alternativ im Kombisteamer bei 85 Grad 15–20 Minuten steamen. 2 Stunden kalt stellen, dann stürzen und servieren.

# EIERLIKÖR

Eierlikör gilt von jeher als Frauenschnaps und als Stärkungsmittel – mir allerdings wird noch heute von dem Geruch fast übel.

Für 2 Shots

1 Eigelb
20 g Zucker
4–6 cl Cognac
50 ml Vollrahm

Das Eigelb mit dem Zucker schaumig schlagen. Mit dem Cognac portionsweise zu einer Emulsion binden und mit dem Rahm verfeinern.

Variante: Crème russe für 4 Personen

Auf die gleiche Weise wie oben angegeben entsteht aus 40 g Zucker, 1 Eigelb, 5 cl dunklem Rum und 500 ml steif geschlagenem Rahm ein wunderbares Dessert. Es muss à la minute zubereitet werden, sonst löst sich nach etwa 30 Minuten der Rum aus der Emulsion.

Das Dessert schmeckt vorzüglich pur, zu Fruchtsalat oder nur zu Ananas.

# MEIN HACKBRATEN MIT EIFÜLLUNG

### BRATEN

4 hart gekochte Eier, abgekühlt
2–3 Scheiben altbackenes Weißbrot
etwas Milch oder Wasser zum Einweichen
400–500 g Rinderhackfleisch
1 Zwiebel, fein gehackt
Knoblauch, fein gehackt
etwas frische Petersilie und frischer Majoran
geriebene Muskatnuss, Paprikapulver
wenig Cognac
Salz, Pfeffer aus der Mühle
Öl zum Braten

### SAUCE

30 g Butter
1 Zwiebel, fein gehackt
1–2 Knoblauchzehen, fein gehackt
1 Karotte, fein geschnitten
1/4 Knollensellerie, fein geschnitten
100 ml Kalbsfond
300 ml Rotwein
1 Lorbeerblatt
Salz, Pfeffer aus der Mühle

Für den Hackbraten die Eier schälen. Das Brot 1 Stunde in Milch oder Wasser einlegen.

Das Fleisch in eine große Schüssel geben. Zwiebel, Knoblauch, Kräuter und Gewürze dazugeben und alles gut mischen. Das Brot etwas ausdrücken und unter die Fleischmasse arbeiten. Mit Cognac, Salz und Pfeffer abschmecken. Die Fleischmasse zu einem Braten formen, dabei die Eier in der Mitte als Füllung einlegen. Den Hackbraten in heißem Öl von allen Seiten kräftig anbraten.

Für die Sauce die Butter in einem Brattopf erhitzen, Zwiebel, Knoblauch und das fein geschnittene Gemüse darin andünsten. Mit Kalbsfond und Wein ablöschen, das Lorbeerblatt dazugeben und die Sauce 10 Minuten kochen lassen. Den Hackbraten in die Sauce legen und zugedeckt 40 Minuten schmoren lassen. Mit Salz und Pfeffer abschmecken.

Den Braten vor dem Servieren halbieren, damit man die schöne Eifüllung sieht.

Tipp

Ein Beweis, wie Not erfinderisch macht. Für eine Portion Hackbraten rechnet man gewöhnlich 180–220 g Fleisch. Mit dem Ei spart man ein Drittel des teuren Fleisches. Mit mehr Zwiebeln, Brot oder Gemüsewürfeln lässt sich der Fleischteig zusätzlich strecken.

# SALZBURGER-NOCKERL-SOUFFLÉ

Eine befreundete Schauspielerin hat mich vor vielen Jahren zu einer Operette geladen, in der sie mitwirkte. »Salzburger Nockerl« hieß das Stück. Darin wurde die Speise gepriesen: »Süß wie die Liebe und zart wie ein Kuss.« Ich hatte dabei meine eigene Vorstellung von einer raffinierten Süßspeise, besorgte mir das Rezept und kochte es auch gleich nach. Von den Zutaten her ein simples Rezept, aber eine Herausforderung an die Sorgfalt und Hingabe in der Küche. Noch heute steht diese Mehlspeise in Salzburger Restaurants oft auf der Speisekarte, mit dem Vermerk »20 Minuten Wartezeit, ohne Gewähr«.

Für 4 Personen als Hauptgang oder für 6–8 als Dessert

500 ml Vollrahm
2 Vanilleschoten, längs aufgeschlitzt
10 Eier
110 g Zucker
1 unbehandelte Zitrone, abgeriebene Schale
50 g Maisstärke oder Reismehl

Den Rahm mit einer der Vanilleschoten aufkochen und 5 Minuten sanft köcheln lassen.

Die Eier trennen. 4 Eigelbe mit 50 g Zucker in eine Schüssel über einem warmen Wasserbad zu einer schaumigen, hellen Masse schlagen. Langsam den etwas ausgekühlten Vanillerahm dazugeben und unter ständigem Rühren zu einer dickflüssigen, aber schaumigen Masse aufschlagen. In eine große feuerfeste Form gießen.

Für die Nockerl sämtliches Eiweiß sehr steif schlagen.

Die restlichen 6 Eigelbe mit den restlichen 60 g Zucker schaumig schlagen. Das Mark der zweiten Vanilleschote und die abgeriebene Zitronenschale dazugeben. Zuerst das Reismehl oder die Maisstärke, dann den Eischnee sorgfältig unterziehen. Die Masse muss fest bleiben. Die Masse pyramidenförmig auf der Vanillesauce aufschichten.

Sofort auf der mittleren Schiene in den auf 200 Grad vorgeheizten Ofen geben, 10 Minuten backen und umgehend servieren. Die luftige Masse fällt schnell in sich zusammen, und dann wäre der Nockerl-Zauber weg.

Es gibt viele Varianten dieser Speise, doch das Resultat ist immer dasselbe: unvergesslich luftig und süß!

# DIE ZWIEBEL

# SCHICHT FÜR SCHICHT

Zwiebeln sind das am meisten verwendete Gemüse dieser Erde. Sie dienen als Würzstoff und als Füllstoff zugleich. Unverzichtbar, ja sogar elementar für jede Küche.

In der heutigen Gastronomie, wo von den Köchen raffinierte, zeitgemäße und zugleich kostengünstige Menüs erwartet werden, ist die Zwiebel ein guter Geschmacksträger, der mit der ihr eigenen Süße die Speisen schön abrundet. Sie gilt in der salzigen Küche weltweit auch als beliebtes Streckmittel.

Die Schattenseiten der Zwiebeln sind die tränenden Augen und die unangenehm riechenden Finger, die sie dem Koch oder der Köchin bescheren. Für ein Großereignis wie das Zürcher Theater Spektakel verkochen wir gut und gerne 25 Kilo Zwiebeln am Tag, und die müssen alle erst geschält, geputzt und zerkleinert werden. So erwachte ich nach einem Kochtag auch schon mitten in der Nacht von einem üblen Zwiebelgeruch, der mich bis in meine Träume verfolgte. Seitdem gebrauche ich Einweghandschuhe und kann wieder ruhig und albtraumlos schlafen.

Beim Schneiden von Zwiebeln tritt die schwefelhaltige und schleimhautreizende Aminosäure Isoallin aus. Um diese unerwünschte Wirkung möglichst gering zu halten, braucht es ein scharfes Messer; auch das kalte Abspülen von Messer und Zwiebel hilft etwas, ebenso ein gut belüfteter Raum oder Durchzug.

Der schwefelsäurehaltige Saft der Zwiebeln wird übrigens auch gerne als natürlicher Fleischzartmacher verwendet, insbesondere dort, wo oft oder vor allem das Fleisch alter Tiere gegessen wird.

Dank ihrer Inhaltsstoffe ist die Zwiebel auch als Wickel ein probates altes Hausmittel gegen Fieber. Als Kind war sie für mich jedoch eine so verhasste Medizin, dass ich immer möglichst schnell wieder gesund werden wollte, nur um der unangenehmen Tortur zu entkommen.

# RÖSTZWIEBELN

Zwiebeln
Salz
Reismehl
Öl zum Frittieren

**Diese Röstzwiebeln ergeben eine feine Garnitur auf salzigen Speisen wie Gemüse- und Fleischgerichten, Suppen und Salaten.**

Die Zwiebeln mit dem Gemüsehobel in feine Ringe schneiden. Je nach Wassergehalt die Zwiebelringe zuerst noch mit Salz in ein Sieb geben und etwas entwässern. Gut ausdrücken und mit Küchenpapier abtrocknen. Bei eher festen Zwiebeln reicht es, sie nur mit Küchenpapier trocken zu tupfen. Die Zwiebelringe mit Reismehl bestäuben und zu kleinen Nestern formen.

In auf 170 Grad erhitztem Öl (mit Küchenthermometer prüfen) schwimmend frittieren. Gut auf Küchenpapier abtropfen lassen und salzen. Heiß oder kalt servieren.

### Tipp

Das Frittieröl kann mehrmals verwendet werden; wichtig ist allerdings, es nach Gebrauch durch ein Gazetuch abzusieben, um alle Feinpartikel zu entfernen. Wenn allerdings Fisch oder Fleisch frittiert wurde, sollte das Öl direkt in die Altölsammlung gehen.

# DUNKLES BIER-ZWIEBEL-SÜPPCHEN MIT KÄSECHIPS

### SUPPE

4 große Zwiebeln
40 g Butter oder
40 ml Sonnenblumenöl
1 EL Reismehl
200 ml dunkles Bier
400 ml Gemüsebouillon
etwas frischer Majoran, Blättchen abgezupft

### KÄSECHIPS

40 g Parmesan oder Sbrinz, gerieben
Kümmel, Pfeffer aus der Mühle

Die Zwiebeln halbieren, in dünne Halbmonde schneiden und in Butter oder Öl braun anrösten. Mit dem Reismehl bestäuben und mit dem Bier und der Gemüsebouillon ablöschen. 15 Minuten bei kleiner Hitze kochen.

Für die Käsechips den geriebenen Käse mit Kümmel und Pfeffer würzen. Eine heiße Bratpfanne ohne Zugabe von Fett mit der Käsemasse ausstreuen und den Käse knusprig braten, dabei einmal wenden.

Die Suppe mit den Majoranblättern bestreuen und mit den Käsechips servieren.

# FRÜHLINGSZWIEBEL-TEMPURA

2–3 Bund Frühlingszwiebeln
1 Ei
1 Prise Salz
1 Prise Backpulver oder Natron
200 g Reismehl
Öl zum Frittieren

Die weißen Knollen der Frühlingszwiebeln je nach Größe zweimal einschneiden und mit dem Grün etwas auffächern.

Das Ei in einer Schüssel in einem eiskalten Wasserbad aufschlagen. Salz, Backpulver oder Natron und Reismehl einrühren. Es sollten noch feine Mehlklümpchen vorhanden sein; sie geben dem Ausbackteig Struktur und Biss.

Die Frühlingszwiebeln in den Teig tauchen und in heißem Öl frittieren.

**Tipps**
Um ein krosses, luftiges Ergebnis zu erhalten, sollte der Tempurateig erst kurz vor der Verwendung hergestellt werden.

Die Kälte des Wasserbads beim Aufschlagen ist die wichtigste Voraussetzung für ein gutes Gelingen. Eiswürfel helfen, den Teig kalt zu halten.

**Varianten**
Wer den Teig vegan zubereiten möchte, ersetzt das Ei durch 2 Esslöffel in heißem Wasser aufgelöstes Lupinenmehl.

Dieser Teig und diese Machart passen auch bestens für andere Gemüse, Fisch oder Tofu. Selbst Salate wie Bärlauch oder Rucola kann man auf diese Weise frittieren.

# PORTWEINSCHALOTTEN-ZIEGENKÄSE-TARTE

Für 4 Förmchen
von 8 cm Durchmesser

100 g Blätterteig
60–80 g Ziegenfrischkäse
oder anderer Frischkäse
Thymian, Blättchen
abgezupft
1 EL Walnussöl (Baumnussöl)
Pfeffer aus der Mühle,
Schwarzkümmel
4–6 Schalotten, längs in
feine Streifen geschnitten
20 g Butter
1 Lorbeerblatt
etwas Piment und Salz
100 ml roter Portwein

**Diese kleinen Tartes eignen sich als Vorspeise oder zu einem Salat als leichter Hauptgang.**

Die Förmchen mit Backpapier auskleiden und mit dem Blätterteig auslegen.

Den Frischkäse mit Thymianblättchen, Walnussöl, Pfeffer und Schwarzkümmel mit einer Gabel vermischen.

Die Schalotten in der Butter leicht anrösten, das Lorbeerblatt dazugeben, mit Piment und Salz würzen. Mit dem Portwein ablöschen und bei kleiner Hitze einköcheln lassen. Die Zwiebelmasse auf dem Blätterteigboden verteilen und im auf 180 Grad vorgeheizten Backofen etwa 15 Minuten backen.

Herausnehmen und die Frischkäsemasse auf den Schalotten verteilen, dann im Ofen nochmals 10 Minuten backen. Aus den Förmchen lösen und heiß servieren.

# BURMA-STYLE-SALAT MIT ZWIEBEL, MANIOK, RETTICH UND GRÜNTEE-VINAIGRETTE

**SALAT**
500 g Maniok
Salz
1 unbehandelte Orange, abgeriebene Schale
1 Rettich
5 Zwiebeln
1 Bund Radieschen

**VINAIGRETTE**
2 EL Grüntee
100 ml heißes Wasser
etwas Ingwer, geraspelt
2 Knoblauchzehen, fein gehackt
4 EL Tahini (Sesampaste)
150 ml Rapsöl
4 EL Sesamöl
100 ml Reisessig
Chilipulver, geriebene Muskatnuss, Salz
Petersilie und/oder frischer Koriander, frisch gehackt

**Ein nahrhafter veganer Salat mit neuen Geschmacksnoten.**

Für den Salat den Maniok schälen, in etwa 5 cm lange Stücke schneiden und diese je nach Dicke vierteln oder sechsteln. Auf ein mit Backpapier belegtes Blech legen. Mit Salz und Orangenschale würzen und im auf 170 Grad vorgeheizten Backofen 20–25 Minuten backen. So bekommt der Maniok einen nussigen Geschmack, der etwas an gebratene Marroni erinnert.

Inzwischen für die Vinaigrette den Grüntee mit dem heißen Wasser aufgießen und 5 Minuten ziehen lassen. In eine Schüssel absieben und mit Ingwer, Knoblauch, Tahini, den beiden Ölsorten, Essig und den Gewürzen vermischen. Mit dem Stabmixer pürieren. Petersilie und/oder Koriander dazugeben.

Den Rettich in feine Streifen schneiden, Zwiebeln und Radieschen fein hobeln. Das fein geschnittene Gemüse zu dem Maniok geben. Den Salat gut mit der Vinaigrette vermischen.

Tipp
Wem rohe Zwiebeln aufstoßen, blanchiert diese kurz in siedendem Wasser, so werden sie bekömmlicher.

Varianten
Den Salat durch Granatapfelkerne, Koriander oder Kreuzkümmel ergänzen.

Durch den langen Transportweg des Manioks hat dieses Gericht leider eine schlechte Ökobilanz. Und wenn schon, darf es auch ein richtiger Fehltritt sein: Also kann man auch Papaya- und Mangostücke dazunehmen, sie passen wunderbar.

# STANGENSELLERIESALAT MIT DUETT VON ZWIEBELN

Den Stangensellerie in 2–3 mm dicke Scheiben schneiden. Die roten Zwiebeln mit dem Gemüsehobel in feine Ringe schneiden. Die Frühlingszwiebeln mit dem Grün fein schneiden.

Alle Zutaten zur Salatsauce verrühren. Das geschnittene Gemüse etwa 1 Stunde in der Sauce marinieren.

## SALAT

1 Stange Staudensellerie, wenn möglich mit Blättern
2 rote Zwiebeln
3 Frühlingszwiebeln

## SALATSAUCE

2 EL Apfelbalsamessig
4 EL Rapsöl (oder Nuss- oder Mohnöl)
1 Prise getrockneter Schabzigerklee
Salz, Pfeffer aus der Mühle

# ZWIEBELSAUCE AUS GEBRÄUNTEN ZWIEBELN

4–6 Zwiebeln
reichlich Olivenöl,
Sonnenblumenöl oder Butter
Salz, Pfeffer aus der Mühle
Majoran, Rosmarin oder
Oregano, fein geschnitten,
oder etwas Kümmel

**Eine überraschende (vegane) Pastasauce aus wenigen Zutaten.**

Die Zwiebeln halbieren und in dünne Halbmonde schneiden. Öl oder Butter in einer Bratpfanne erwärmen und die Zwiebeln bei sanfter Hitze darin langsam dünsten, bis sie braun und weich sind. Das dauert je nach der Dicke der Zwiebelringe 15–25 Minuten. Mit Salz und Pfeffer würzen und mit frischen Kräutern oder mit Kümmel bestreuen.

# WASSERMELONEN-FETA-SALAT

1 Schnitz Wassermelone (ca. 300 g)
2–3 Zwiebeln, in feine Scheiben geschnitten
80–100 g Feta, in kleine Würfel geschnitten
3 EL Olivenöl
Salz, Pfeffer aus der Mühle
Petersilie, Minze und Koriander, fein geschnitten

**Diese Arme-Leute-Speise aus dem Iran ergibt ein sommerliches Salatgericht oder eine originelle Füllung in Sandwiches.**

Aus der Melone mit einem Kugelausstecher kleine Kugeln ausstechen und mit den Zwiebelscheiben und den Fetawürfeln in eine Schüssel geben. Mit dem Olivenöl vermischen und mit Salz und Pfeffer abschmecken. Die fein geschnittenen Kräuter zugeben und alles gut mischen.

**Variante**
Mit Granatapfelkernen, Sardellenfilets und/oder Pecorino lässt sich das Gericht erweitern.

Übrigens: Das weiße Fruchtfleisch direkt unter der grünen Melonenschale wird in Georgien süß oder süßsauer eingemacht. Eine tolle vollständige Verwertung der Frucht!

# BROT-ZWIEBEL-SALAT

200–300 g altbackenes Weißbrot oder dunkles Brot, in Scheiben geschnitten
2–3 rote oder braune Zwiebeln, in dünne Ringe geschnitten

**SALATSAUCE**
60 ml herber Rotweinessig (ein günstiger oder aus Rotweinresten hausgemachter Essig genügt)
100 ml Olivenöl
Senf
1 EL Kapern
Salz, Pfeffer aus der Mühle
reichlich glatte Petersilie, gehackt

Die Brotscheiben im auf 180 Grad vorgeheizten Backofen knusprig backen.

Die Zwiebelringe (für leichtere Verdaulichkeit) nach Wunsch kurz in kochendem Wasser blanchieren.

Aus Essig, Olivenöl, etwas Senf, Kapern, Salz und Pfeffer eine Salatsauce anrühren. Die Petersilie hinzufügen.

Die Brotscheiben und die Zwiebelringe in eine Schüssel geben, mit der Vinaigrette übergießen und 30 Minuten stehen lassen. Ab und zu durchrühren, damit die Sauce vom Brot gut aufgenommen wird.

**Varianten**
Den Salat durch Tomaten, Rettich, Wassermelonen oder gebratene Zucchini erweitern.

Peperoncini, Granatapfel oder Sardellenfilet geben eine spezielle Note.

Natürlich passen anstelle von Petersilie auch Basilikum, Majoran, Liebstöckel und Schnittlauch gut dazu.

# ZWIEBELKUCHEN

Für ein rundes Kuchenblech
von 28 cm Durchmesser,
ausreichend für 4–6 Personen

250 g Blätterteig
4–6 Zwiebeln, in feine Ringe geschnitten
Salz, Kümmel
20 g Butter, in Flocken

### GUSS

3 Eier
100 ml Vollrahm
50 ml Weißwein
100 g Gruyère, Bergkäse oder Emmentaler, gerieben
1 Bund krause Petersilie, fein geschnitten
Schabzigerklee, geriebene Muskatnuss, Pfeffer aus der Mühle

Den Blätterteig rund ausrollen und in die Form legen. Den Teig mehrmals mit einer Gabel einstechen. Die Zwiebelringe dekorativ auf dem Teigboden verteilen. Leicht salzen und mit Kümmel und Butterflocken bestreuen. Im auf 180 Grad vorgeheizten Backofen etwa 20 Minuten backen.

In der Zwischenzeit die Eier mit Rahm und Weißwein aufschlagen. Den Käse und die fein geschnittene Petersilie darunterrühren. Mit etwas Schabzigerklee, Muskat und Pfeffer würzen und nach Bedarf noch etwas nachsalzen.

Nach 20 Minuten den Kuchen aus dem Ofen nehmen, den Eier-Käse-Guss darüber verteilen und den Kuchen nochmals für 15 Minuten in den Ofen schieben.
Heiß servieren.

**Varianten**
Leichter wird der Kuchen, wenn anstelle des Käses Quark verwendet wird; deftiger mit zusätzlich Speckwürfeln.

# GEFÜLLTE GEMÜSEZWIEBELN MIT MANGOLD-RICOTTA

4 große Gemüsezwiebeln
Salz
1–2 Knoblauchzehen
etwas Öl oder Butter
Peperoncini, fein gehackt
200 g Mangold, in dünne Streifen geschnitten
Sherry
100–200 g Ricotta
Pfeffer aus der Mühle
Majoran oder Petersilie, fein geschnitten

Die Zwiebeln waschen, unten gerade schneiden, sodass sie gut stehen, und oben ein Viertel als Deckel abschneiden. Je nach Menge der Füllung mehr oder weniger tief aushöhlen. Leicht salzen, in eine feuerfeste Form stellen und im auf 180 Grad vorgeheizten Backofen je nach Größe 20–30 Minuten vorbacken.

Für die Füllung das Innere der Zwiebeln und den Knoblauch fein hacken und in heißem Fett andünsten. Peperoncini und Mangold dazugeben und mitdünsten. Mit etwas Sherry ablöschen und diesen verdunsten lassen.
Den Ricotta dazugeben und alles gut vermischen. Mit Pfeffer abschmecken. Die Kräuter beifügen und die vorgebackenen Zwiebeln mit der Masse füllen. Den Deckel aufsetzen und die Zwiebeln nochmals 15 Minuten fertig backen.

**Varianten**
Die Zwiebeln anstelle des Ricottas mit Hackfleisch füllen und ohne Vorbacken je nach Größe 40–50 Minuten im Ofen garen.

Für eine vegane Variante die Zwiebeln mit einer Gemüse-Grieß-Masse füllen.

# OFENKÜCHLEIN GEFÜLLT MIT ROTWEIN-ZWIEBEL-CONFIT

**Eine schöne Vorspeise, zum Aperitif oder als Hauptgang.**

### BRANDTEIG

200 ml Milch
60 g Butter
Salz, Pfeffer aus der Mühle, geriebene Muskatnuss, Safran
100 g Mehl
3 Eier

### ROTWEIN-ZWIEBEL-CONFIT

1 TL sizilianische oder wilde Fenchelsamen
3 EL Olivenöl
2–3 Zwiebeln, in feine Ringe geschnitten
Salz, Pfeffer aus der Mühle, Piment
200 ml Rotwein
wenig Estragon und Majoran, fein geschnitten

Für den Brandteig die Milch mit der Butter und den Gewürzen aufkochen. Das Mehl im Sturz (alles auf einmal) dazuschütten und die Masse auf kleiner Flamme rühren, bis sie sich als zusammenhängender Kloß vom Topfboden löst; das dauert gute 5 Minuten. Vom Herd nehmen und die Eier nacheinander in den Teig einarbeiten.

Den Teig in einen Spritzsack füllen und auf ein mit Backpapier ausgelegtes Backblech 3–4 cm große Rosetten spritzen. Die Ofenküchlein werden gut und gerne doppelt so groß, darum genug Abstand halten. Im vorgeheizten Ofen bei 200 Grad 5–8 Minuten backen, dabei die Tür nicht öffnen, denn sonst fällt die Pracht in sich zusammen.

Für das Confit die Fenchelsamen im Olivenöl anrösten. Die Zwiebelringe dazugeben und gut andünsten, mit Salz, Pfeffer und Piment würzen. Den Rotwein zugeben und langsam einkochen lassen. Die fein geschnittenen Kräuter daruntermischen.

Die Küchlein aus dem Ofen nehmen, mit einem scharfen Messer oder einer Schere zur Hälfte einschneiden und mit dem Zwiebelconfit füllen.

#### Varianten

Die Füllung der Ofenküchlein lässt sich unendlich variieren, zum Beispiel mit Olivenpaste, Avocado oder Kräuterquark.

Die Küchlein eignen sich auch als süße Variante, dafür die Gewürze weglassen und durch 1 Esslöffel Zucker oder Vanillezucker ersetzen. Mit gesüßtem Schlagrahm füllen – schmeckt herrlich.

# FRITTIERTE SÜSSE ZWIEBELRINGE MIT ANIS

2–3 Zwiebeln, in dünne Ringe geschnitten
2 EL Reismehl
1–2 Teelöffel Anis
Öl zum Frittieren
Zucker nach Belieben

Die Zwiebelringe gut trocken tupfen. Mit Reismehl und Anis mischen und in heißem Öl frittieren. Auf Küchenpapier abtropfen lassen und nach Belieben mit Zucker bestreuen.

**Varianten**

Man kann die Zwiebelringe auch wunderbar durch einen Tempura- oder Bierteig ziehen (siehe Seite 67) und dann frittieren.

Wer Anis nicht mag, kann auch wenig Lebkuchengewürzmischung verwenden.

Die frittierten Zwiebeln können pur oder als raffinierte Garnitur verwendet werden, zum Beispiel auf Vanilleeis.

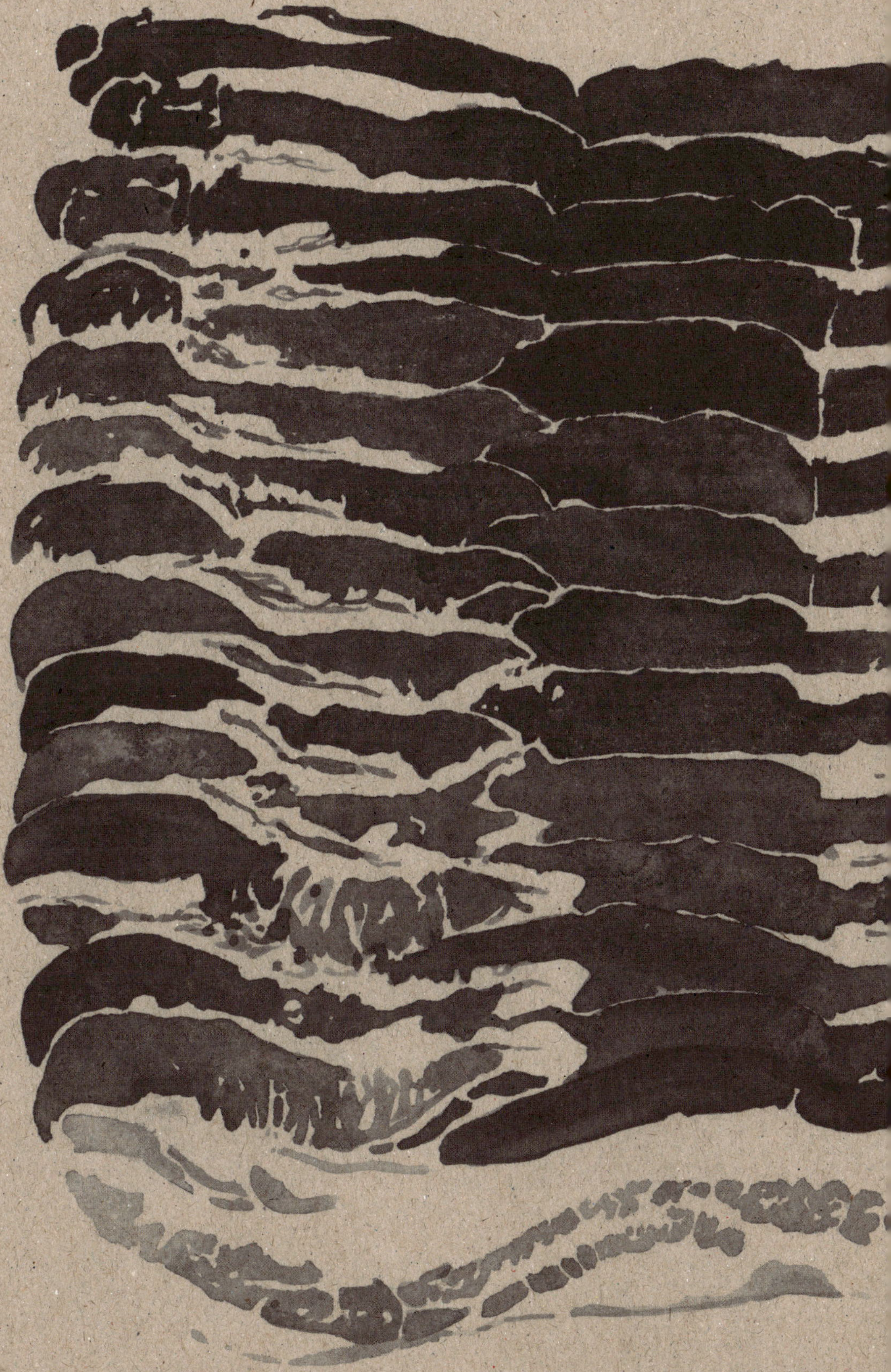

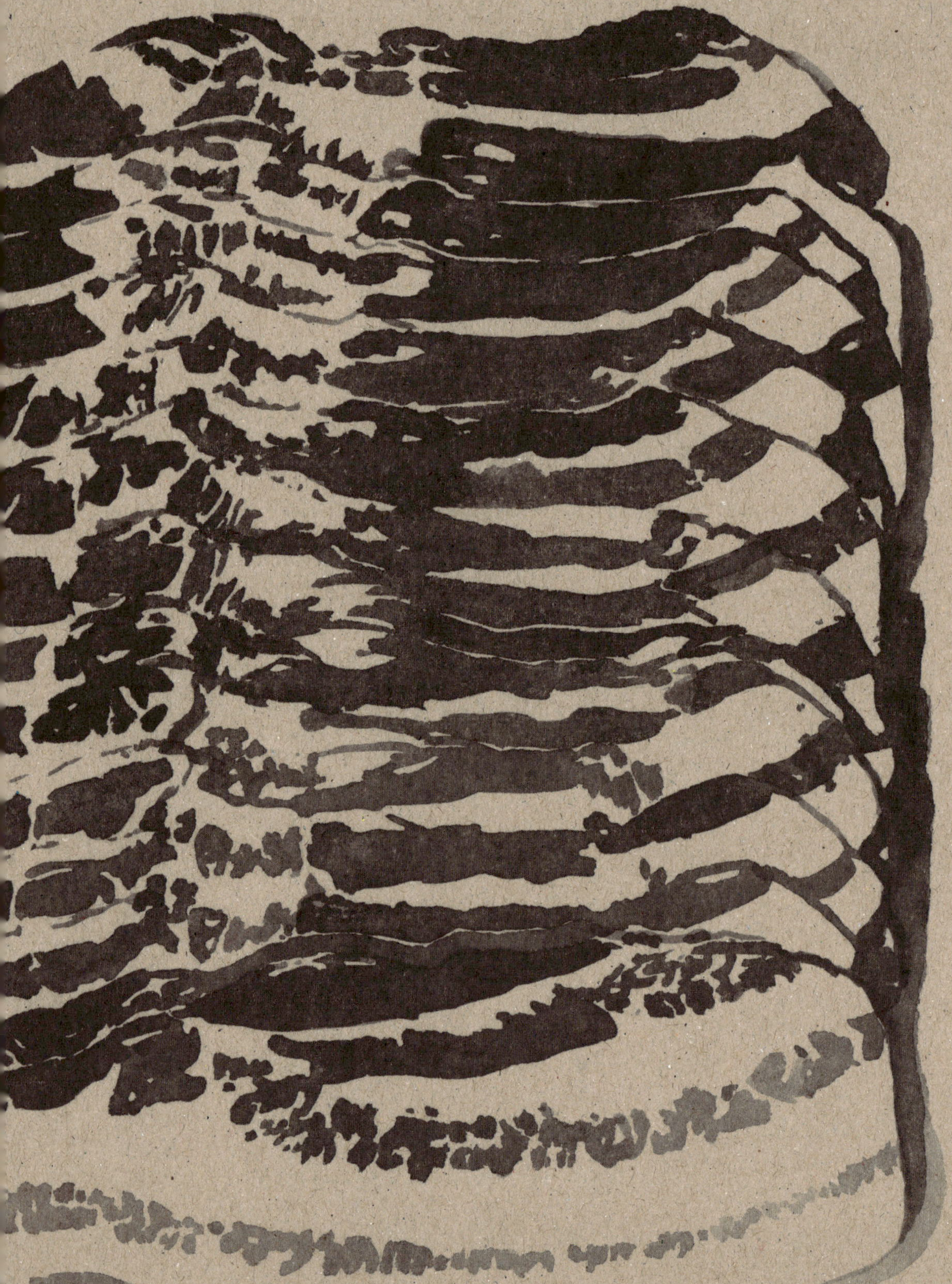

# DAS SCHWEIN

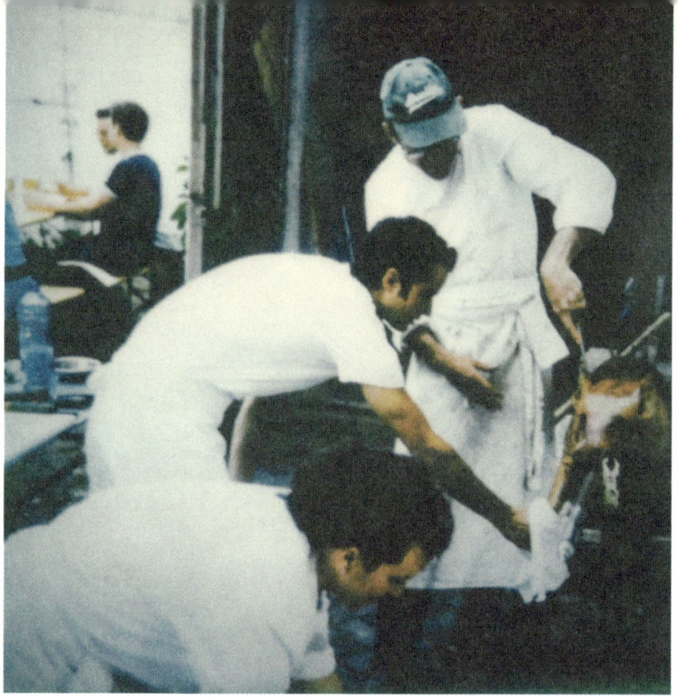

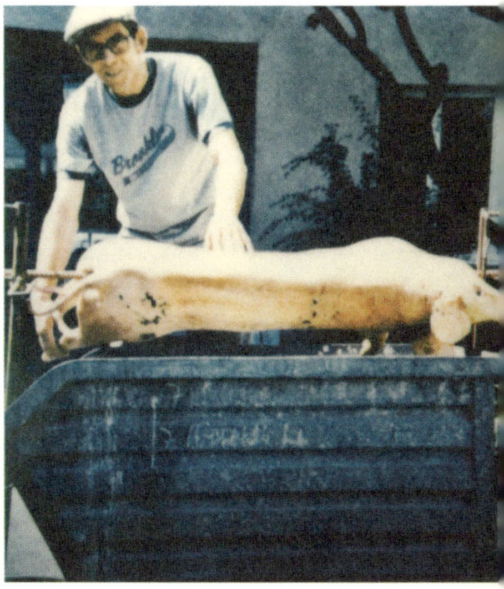

# SCHWEIN GEHABT

Ich wohne in einem stark jüdisch und muslimisch geprägten Quartier in Zürich. Erst schämte ich mich etwas dafür, hier Schweinefleisch zu essen. Doch heute denke ich, es ist meine traditionell mitteleuropäisch geprägte Freiheit, ein Allesesser zu sein. Dabei respektiere ich aber jede Art von religiösen oder weltanschaulich bedingten Essgewohnheiten.

Auf Fleisch könnte ich sehr gut verzichten, aber Speck gehört zu meinem Grundvorrat im Kühlschrank. Als Würze gibt er Gerichten eine gewisse Tiefe und verleiht ihnen ein herrlich volles Aroma.

Beim Schwein achte ich speziell darauf, was es zu fressen bekommen hat. Die vom Tier aufgenommene Nahrung aromatisiert das Fleisch und gibt ihm eine besondere Note, so wie Rosmarin und Kastanien den Parmaschinken aromatisieren, tun dies auch Bierhefe, Gerstenmaische, Molke und Eicheln. Als ich einmal im Piemont verschiedene Produzenten besuchte, wurde uns in einer Kooperative gezeigt, wo ihre Schweine lebten. Es war in einem lockeren Eichenwald mit Rosmaringestrüpp dazwischen, einer Lorbeerhecke und einem extra angebauten Erbsenfeld. Da wusste ich: Hier kaufe ich meine Coppa, denn Fleisch von einem Tier, das im Schlaraffenland groß und fett wurde, muss delikat sein. Zum Glück habe ich gleich zwei Schweinehälse gekauft – sie waren schnell verspeist.

Schinken, ob gekocht, geräuchert oder luftgetrocknet, ist eine sehr schmackhafte Art, Schweinefleisch zu konservieren. Da früher nur einmal im Jahr geschlachtet wurde, musste das geräucherte und getrocknete Fleisch lange haltbar bleiben. Es war auch ein praktischer Vorrat, den man im Sommer als einfache, schnelle Verpflegung zusammen mit Brot und Käse bei der Feldarbeit aß. Viele der traditionellen Macharten sind uns zum Glück bis heute erhalten geblieben.

Als sechsjähriger Knabe in Rom freute ich mich immer auf unsere Sonntagsausflüge ans Meer. Dabei war nicht das Meer der eigentliche Grund für meine Vorfreude, sondern die mobilen Verkaufswagen mit »Porchetta« an der Umfahrungsstraße von Rom, wo ein entbeintes kleines Schwein am Spieß über dem Feuer gebraten wurde. Anstelle der Knochen war es mit einer Paste aus Kräutern, Peperoncini und Knoblauch gefüllt. Das knusprig-braun gegrillte Fleisch wurde in dünnen Scheiben aus Haut, Fett, Fleisch und Füllung in »Panini« gelegt und so am Stand verkauft.

Faszinierend war für mich auch das ganze Ambiente drumherum. Neben den Fleischständen saßen Frauen breitbeinig auf den Leitplanken, winkten den Vorbeifahrenden aufreizend zu und boten ihnen ihren Körper an. Hielt ein Freier an, verschwanden sie für kurze Zeit in den Oleanderhecken. Bis alle Mitglieder unserer kinderreichen Familie mit einem belegten Brot eingedeckt waren, dauerte es. Da blieb genug Zeit, den wohlriechenden Duft des Spanferkels zu genießen und einen kurzen Einblick in die halbseidene Welt zu erhaschen.

Das auf dem offenen Feuer gebratene Spanferkel begleitet mich schon mein ganzes Leben, und immer wieder komme ich bei gegebenem Anlass gerne darauf zurück. Über all die Jahre habe ich unzählige Spanferkel gebraten – und dabei auch einige schöne Feste erlebt. Denn das kleinste Spanferkel wiegt schnell mal 15 Kilo, und dafür braucht es die stattliche Zahl von 40 Essern.

Mein Rezept: Reichlich Petersilie, Rosmarin, Majoran, Thymian, Knoblauch, Peperoncini und Zwiebeln fein hacken und mit Meersalz mischen, nach Gusto noch durch etwas Estragon, Lavendelblüten, Liebstöckel und Pimentkörner ergänzen. Mit einem Filetier- oder Ausbeinmesser das Fleisch den Beinknochen entlang aufschneiden, die Knochen herauslösen und die Kräutermasse hineinstopfen. Ebenso im Brustbereich die Kräutermasse unter die sorgfältig von der Fettschicht gelöste Haut streichen. Den Rest in die Bauchhöhle geben und die Öffnung mit Metzgerschnur zunähen. Nun kommt das Tier auf einen langen Spieß, die Füße werden mit Draht zusammengebunden – und dann können die Stunden des

gemächlichen Bratens über der Glut beginnen. Ein Spanferkel braucht Geduld, bis es schön braun und gut durchgebraten ist. Am besten ist, das Tier jede halbe Stunde um eine Vierteldrehung zu drehen. Dabei mit etwas dunklem oder einem belgischen Bier mit Fruchtaroma übergießen. Dadurch bekommt die Haut eine schöne, karamellisierte Konsistenz und reichlich Aroma. Ein 40 Kilogramm schweres Schwein braucht 6 bis 7 Stunden, bis es durchgebraten ist. Am längsten brauchen die hinteren Schinken. Hilfreich ist ein Fleischthermometer; wenn es um die 75 bis 80 Grad Kerntemperatur anzeigt, ist das Fleisch gar.

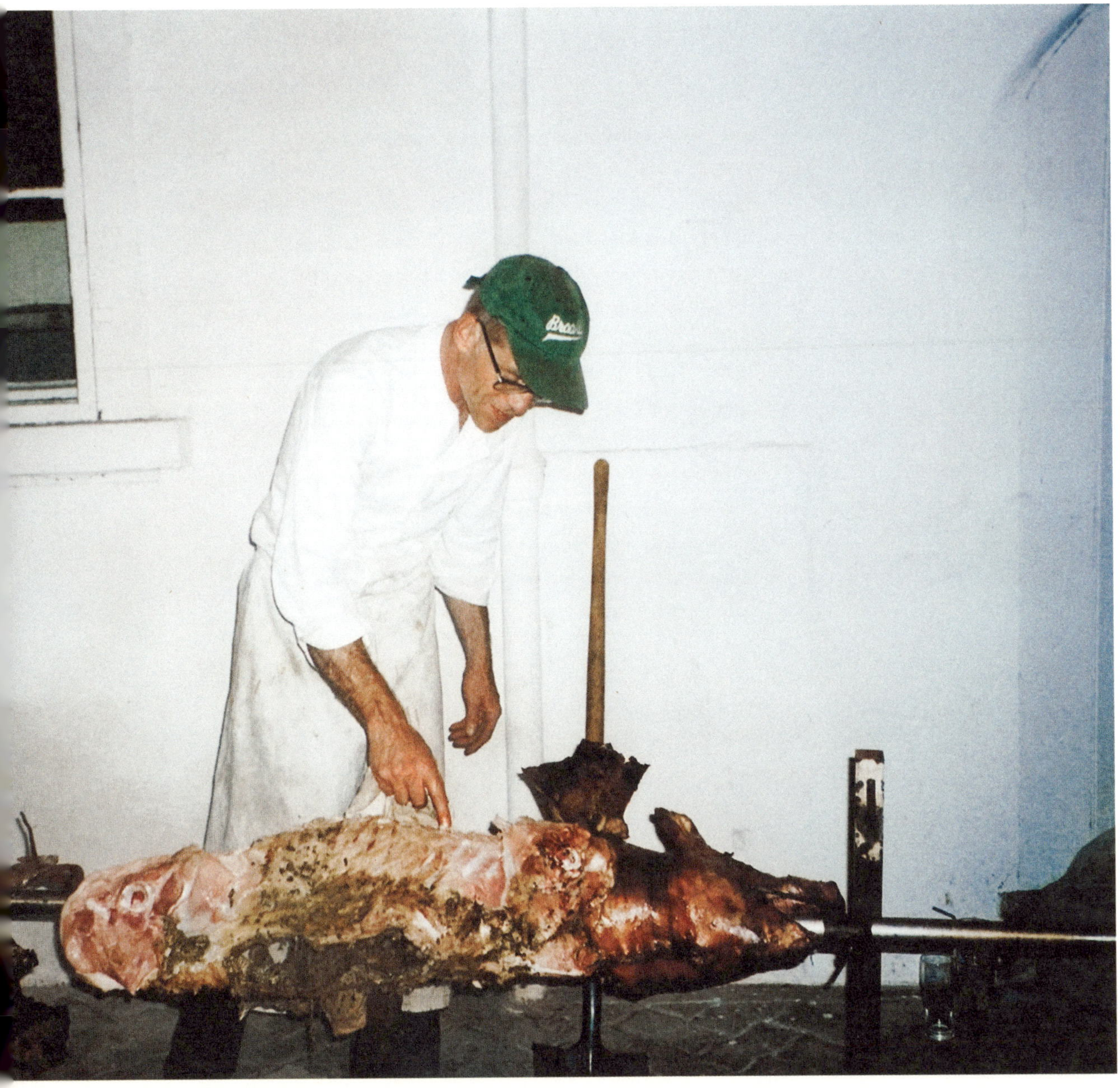

# SCHWEINEHALS MIT KRÄUTERN GEFÜLLT

600–800 g Schweinehals
Senf
Salz, Pfeffer aus der Mühle
etwas Öl zum Braten

### FÜLLUNG

1 Tasse gemischte Kräuter (viel Petersilie, Rosmarin, Majoran und etwas Salbei, Thymian, Estragon und Liebstöckel), fein gehackt
3 Knoblauchzehen, fein geschnitten
1–2 Frühlingszwiebeln, fein geschnitten
Peperoncini, fein geschnitten
Salz
Piment, zerstoßen
2 Gewürznelken

Dies ist dieselbe Füllung, wie ich sie für Spanferkel benutze. Da nicht immer genügend Esser bei Tisch sind, um ein ganzes Schwein zu verspeisen, hier die kleinere Variante.

Der Schweinehals ist meist schön mit Fett durchzogen. In die Mitte des Fleischstücks eine 4–6 cm breite Öffnung schneiden. Kräuter, Knoblauch, Frühlingszwiebeln und Peperoncini miteinander vermischen und mit wenig Salz, zerstoßenem Piment und Gewürznelken würzen. Das Fleischstück mit der Würzmischung füllen.

Das Fleisch außen mit wenig Senf, Salz und Pfeffer einreiben und in erhitztem Öl von allen Seiten anbraten. In eine feuerfeste Form legen und etwa 50 Minuten im auf 180 Grad vorgeheizten Backofen gar braten. Vorsichtig dünn aufschneiden, sodass die Kräutereinlage nicht herausfällt.

### Varianten

Die Füllung kann mit gehackten Pinienkernen oder mit Paniermehl ergänzt werden.

Den Braten nach Geschmack mit etwas Bier, Weiß- oder Apfelwein ablöschen.

### Tipps

Wenn man das Rezept mit Spanferkel macht, eignet sich Bier am besten zum Ablöschen; der Malzzucker hilft die Haut zu karamellisieren und verleiht ihr einen schönen Glanz.

Bratenreste ergeben eine feine Pastasauce, Sandwich-Einlage oder, fein geschnitten, eine wunderbare Raviolifüllung.

# LINSEN MIT SPECK, SCHWEINEOHR UND -SCHWÄNZCHEN

2 Zwiebeln, klein geschnitten
3 Knoblauchzehen, in Scheiben geschnitten
etwas Öl
200 g Suppengemüse (Sellerie, Karotten, Lauch, Kohl usw.), klein geschnitten
200 g Kochspeck am Stück
je 1 Schweineohr und -schwänzchen
1 Lorbeerblatt
2–3 Gewürznelken
Rosmarin, Majoran, frisch gezupft
Pfeffer aus der Mühle
200 g braune Linsen
Salz

Ein deftiges Winteressen, einst verbreitet und üblich, heute aber leider in Vergessenheit geraten. Da die Ohren und Schwänzchen der Schweine früher als minderwertige Teile üblicherweise den Armen überlassen wurden, hat sich der schlechte Ruf bis heute gehalten.

Die klein geschnittenen Zwiebeln und die Knoblauchscheiben in etwas Öl in einem großen Topf andünsten. Das klein geschnittene Gemüse, den Speck sowie Schweineohr und -schwänzchen dazugeben und mit Lorbeer, Nelken, Rosmarin, Majoran und Pfeffer würzen. Die Linsen dazugeben, mit etwa 1½ Liter Wasser auffüllen und leicht salzen. Zum Kochen bringen und alles 1 Stunde zugedeckt unter gelegentlichem Rühren leicht kochen lassen. Dann den Deckel abnehmen und nochmals 30 Minuten leicht kochen, bis die Flüssigkeit reduziert ist. Mit Salz und Pfeffer abschmecken.

### Tipp

Das Gallertige der Ohren und Schwänze ist ein herrliches Bindemittel und macht das Gericht sämig und aromatisch. Um das Gericht als währschafte (nahrhafte) Suppe zu servieren, lässt man die Flüssigkeit einfach weniger einkochen.

# LARDOPÄCKCHEN

Als Beilage, als Vorspeise oder für ein Büffet

100 g weiße Bohnen
Salz
etwas Rosmarin, fein geschnitten
2 Knoblauchzehen, fein geschnitten
schwarzer Pfeffer aus der Mühle
8 breite, dünn geschnittene Scheiben von Lardo (fetter weißer Speck ohne Fleischanteil)

Die Bohnen über Nacht in Wasser einweichen. Am nächsten Tag abgießen und in frischem Salzwasser je nach Größe der Bohnen 30–50 Minuten kochen, bis sie weich sind. In ein Sieb abgießen und mit fein geschnittenem Rosmarin und dem Knoblauch mischen. Kräftig mit Pfeffer würzen.

Die Masse auf die Lardoscheiben geben und diese zu kleinen Päckchen wickeln. Im auf 200 Grad vorgeheizten Backofen etwa 10 Minuten backen, bis der Lardo glasig und leicht knusprig wird.

# CUBAN PORK – SCHWEINERAGOUT IN ORANGENSAFT, INGWER UND NELKEN GEBEIZT

500 g Schweineragout
4–6 unbehandelte Orangen, abgeriebene Schale und Saft
1 Stück Ingwer, fein geschnitten
5 Gewürznelken
etwas Piment und Muskatblüten
2 Lorbeerblätter
etwas Malztrunk oder Rohrzucker
Salz, Pfeffer aus der Mühle
2 EL Öl
2 große Zwiebeln, klein geschnitten
4 Knoblauchzehen, klein geschnitten

Das Schweinefleisch in eine Schüssel geben und mit etwas Orangenschale und Orangensaft bedecken. Ingwer, Nelken, Piment, Muskatblüten und Lorbeer dazugeben. Etwas Malztrunk oder Rohrzucker hinzufügen und zugedeckt 2–4 Tage im Kühlschrank marinieren lassen.

Danach absieben, dabei die Marinade auffangen. Das Fleisch etwas trocken tupfen und mit Salz und Pfeffer würzen. Das Öl in einer großen Bratpfanne erhitzen und das Fleisch zusammen mit den Zwiebeln und dem Knoblauch scharf anbraten. Die Marinade dazugeben und das Fleisch zugedeckt 40–50 Minuten schmoren.

Klassisch wird das Cuban Pork mit Reis und Bohnen serviert.

### Varianten

Anstelle des Schweineragouts kann man auch ein Bratenstück oder Spareribs nehmen.

# SPARERIBS MIT HONIG-SOJA-CHILI

Ein tolles Grillgericht und zugleich eine sinnvolle Verwertung auch der minderen Teile des Tieres.

1 kg Spareribs, in vier Stücke geschnitten

**MARINADE**

50 ml salzarme Sojasauce
2 EL Honig
1 Sternanis, zerstoßen
$\frac{1}{2}$ EL Szechuanpfeffer
3 Knoblauchzehen, fein gehackt

Die Spareribs in eine flache Form legen. Sojasauce, Honig, Sternanis, Szechuanpfeffer und Knoblauch zu einer Marinade verrühren und die Rippchen damit einreiben. 12–24 Stunden im Kühlschrank marinieren.

Dann die Rippchen auf den Grill legen oder im auf 200 Grad vorgeheizten Backofen etwa 30 Minuten knusprig braten.

# MEIN LIEBLINGSSANDWICH

Für 1 Sandwich

100–150 g Baguette
Olivenöl zum Beträufeln
2–3 Scheiben Parmaschinken
150 g Büffelmozzarella, in Scheiben geschnitten
schwarzer Pfeffer aus der Mühle
4 Basilikumblätter
3–4 Tomatenscheiben
Salz

Wenn ich schnell Energie und Kraft tanken will, greife ich gerne zu Büffelmozzarella, und das luftgetrocknete Fleisch dazu soll das Ying stärken.

Das Brot der Länge nach halbieren und mit etwas Olivenöl beträufeln. Den Parmaschinken darauflegen, mit Scheiben vom Büffelmozzarella bedecken und gut pfeffern. Die Basilikumblätter darauf verteilen und mit den leicht gesalzenen Tomatenscheiben bedecken.
Den Brotdeckel auflegen. Nach Belieben im auf 180 Grad vorgeheizten Backofen erwärmen und den Käse anschmelzen.

# WURST AUF RHABARBER ODER SAUERKIRSCHEN

Schweinefleisch und Saures ergänzen sich. Dieses Gericht koche ich gerne zur Rhabarber- oder zur Sauerkirschenzeit. Monate nach einem solchen Essen schwärmte ein sonst wortkarger Gast, dass er von mir gelernt habe, dass Schwein und Saures zusammengehören. Seine freie Interpretation meiner »Kochphilosophie« bestand darin, die Würste zusammen mit Essiggurken in den Ofen zu schieben.

4–5 Rhabarberstangen
oder 200 g Sauerkirschen (Weichseln)
4–6 Schweinswürste, am liebsten mit Fenchelsamen gewürzt

Den Rhabarber in dünne Scheiben schneiden beziehungsweise die Sauerkirschen entsteinen. In eine feuerfeste Form oder eine Bratpfanne geben und die Würste darauflegen. Im auf 180 Grad vorgeheizten Backofen oder auf dem Herd erhitzen.

Das Fett der Würste würzt den Rhabarber beziehungsweise die Kirschen und bildet eine herrliche Kombination.

Die
KRUMME
2009
2010
WURST
Alles hat ein Ende

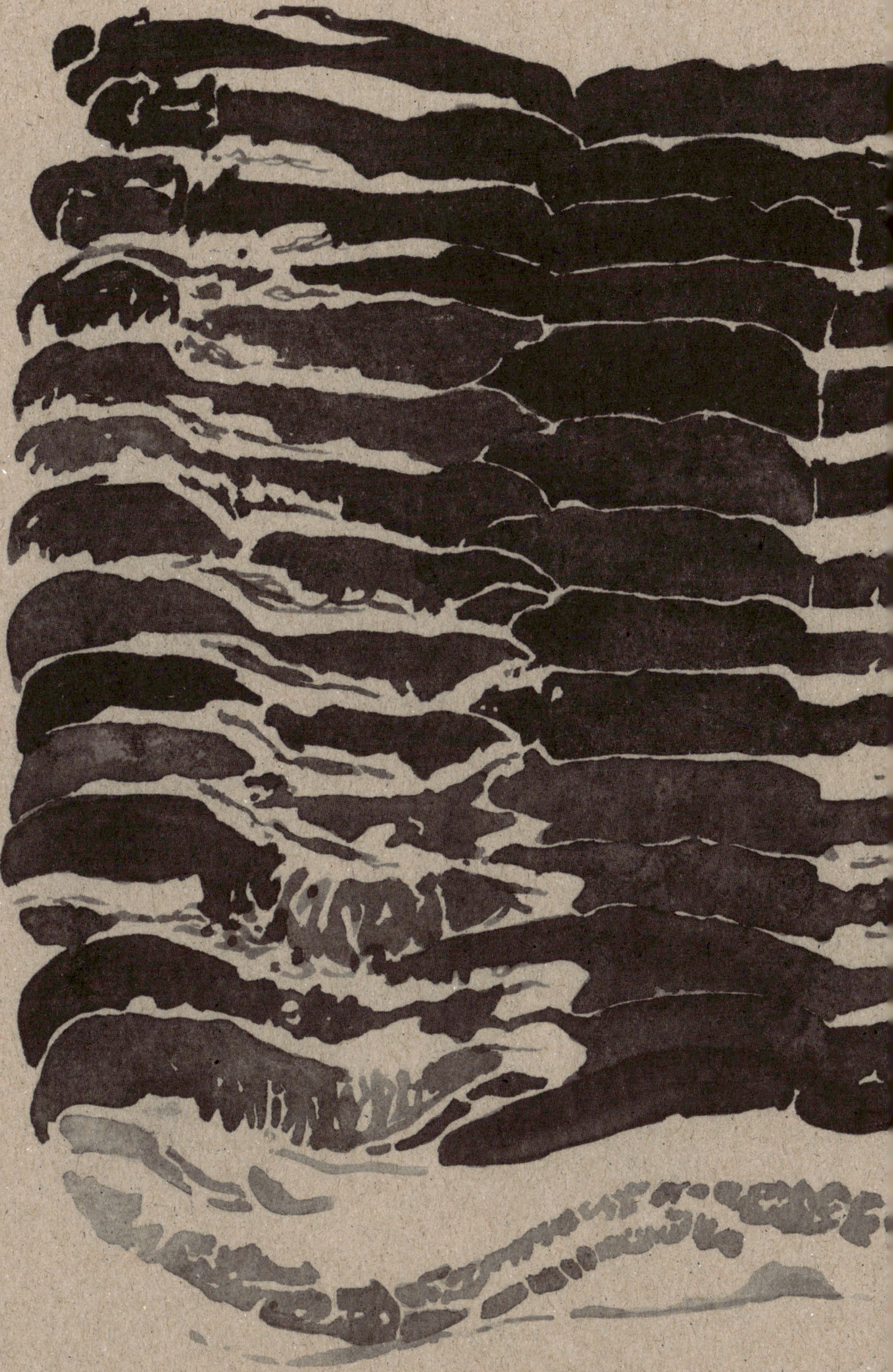

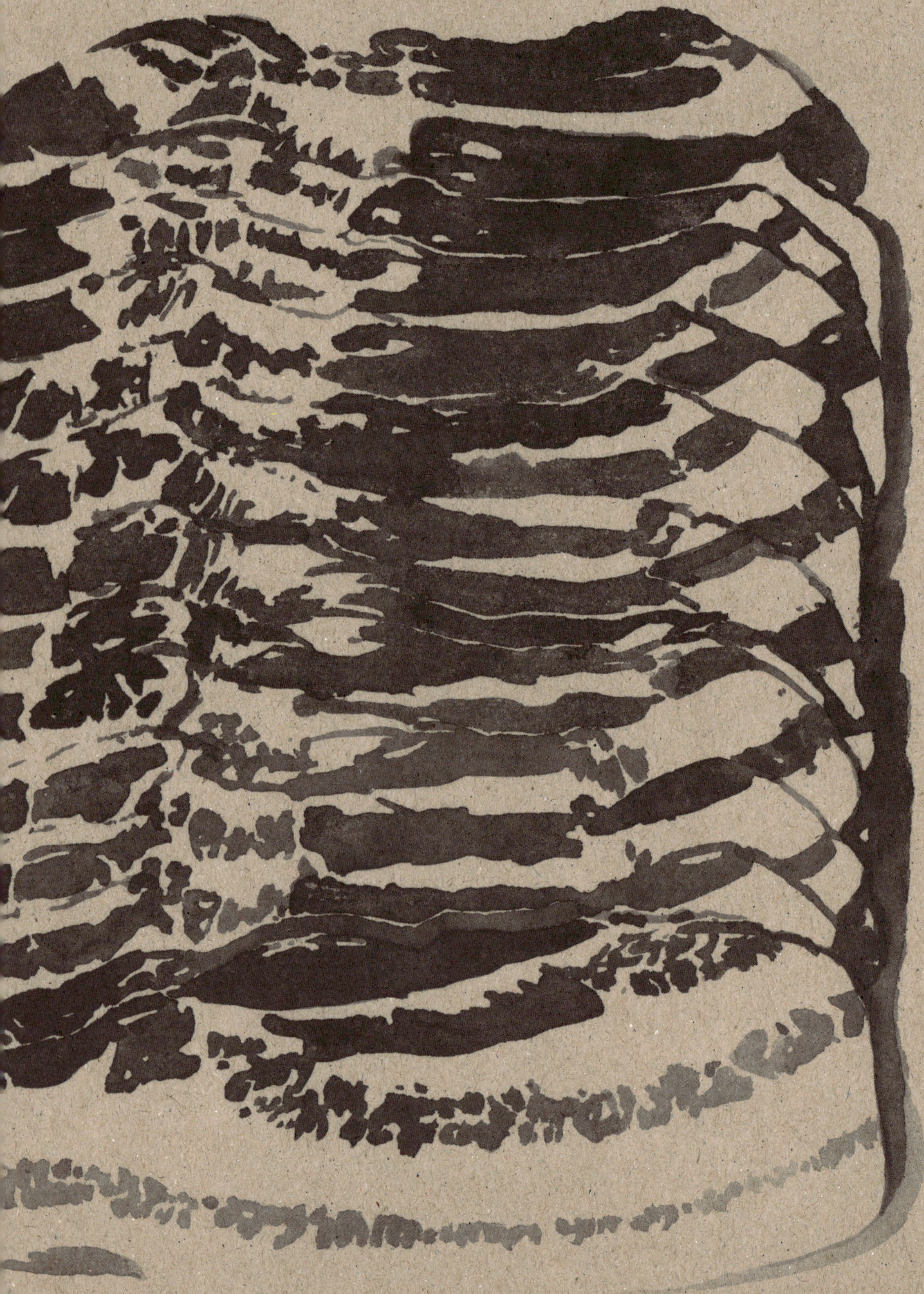

# DIE MILCH

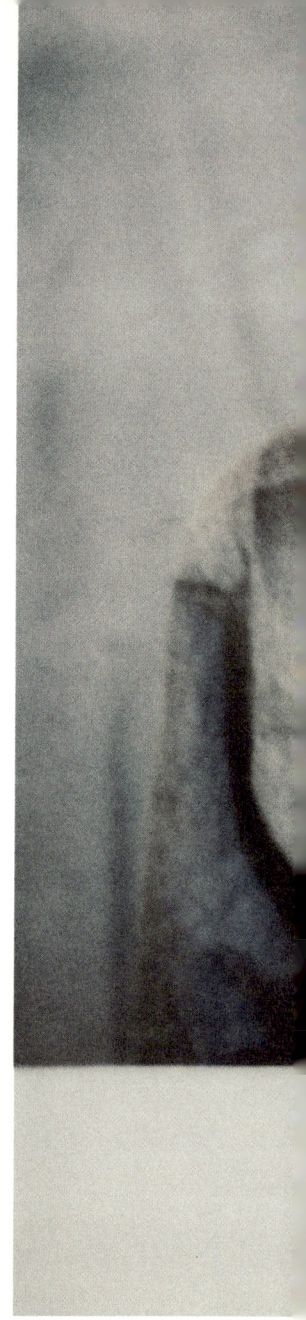

# NICHT NUR FÜR MILCHBUBIS

Als ein Schweizer Schiffskoch auf der stürmischen Überfahrt nach Buenos Aires Konservendosen mit Kondensmilch in die schwankenden Töpfe legte, um sie im Lot zu halten, entfaltete seine praktische Idee später einen überraschenden Nutzen. Durch das stundenlange Kochen karamellisierte die gesüßte Kondensmilch in den Büchsen und wurde zu einer hellbraunen, zähflüssigen Creme. So entstand Dulce de Leche. Die süße Abwechslung verbreitete sich nicht nur unter den Seefahrern, sondern später in ganz Lateinamerika. Heute erobert sie auch Europa, als Brotaufstrich, in Backwaren oder als Füllung für Pfannkuchen.

Das Rezept: Tuben oder Dosen mit gesüßter Kondensmilch ungeöffnet je nach Größe 2 bis 4 Stunden in kochendem Wasser sieden. Je länger die Kochzeit, desto brauner und zähflüssiger wird die Masse. Eine wahre Zuckerbombe, aber sehr lecker und verführerisch!

Käse war lange mein wichtigster Eiweißlieferant. Am liebsten esse ich einen milden Käse zum Frühstück. Zum Unverständnis meines Käsehändlers, der mich gerne auf seine rezenten, kräftigen und reifen Sorten verweist. Diese mag ich in kleinen Mengen als Dessert.

Früher beliebte ich zu sagen: »Für Ovomaltine und Emmentaler würde ich die Schweiz bis auf die Zähne bewaffnet verteidigen.« Heute hat sich vieles relativiert, aber für all die feinen Alp- und Bergkäse der Schweiz stehe ich immer noch dazu, und sie spielen natürlich auch in der Küche eine wichtige Rolle.

Apropos Eiweißlieferant: Als ich während meiner Body-Building-Phase auf der Suche nach billigem fettarmem Eiweiß war, entdeckte ich den Magerquark. Auf 100 Gramm enthält er 11 Gramm Eiweiß, 3 Gramm Kohlenhydrate und 0,2 Gramm Fett, und dies für ganze 30 Rappen. Die gleiche Eiweißmenge aus Rindfleisch kostet 4 bis 5 Franken. So schaufelten wir kiloweise Kräuter- und Früchtequark in den Mund und ließen die Muskeln wachsen. Allein schon beim Gedanken an diese Zeit spüre ich seitlich an der Zunge die leichte Säure und der Speichel beginnt zu laufen.

In unserer Familie gibt es die, die Milch trinken, und solche, die Milch meiden. Ein Neffe sträubte sich schon als kleiner Bub sowohl gegen Butter wie die übliche Frühstücksmilch – zur Sorge seiner Eltern, da Milch als wichtig und gesund gilt. Doch seine Abneigung hat ihn wohl vor einer Laktoseallergie verschont. Ich bin überzeugt davon, dass der Körper genau weiß, was ihm gut tut; wir sollten nur darauf hören.

Bei Kindern, die Milch in großen Mengen trinken, wie auch bei den Käsern auf der Alp, deren Nahrung vor allem aus Milch, Molke und Frischkäse besteht, zeigt sich eine besondere Ausdünstung: Sie riechen dezent nach Buttersäure. Auch Alpschweine, die den Sommer über auf Käsealpen leben und denen die Molke verfüttert wird, übertragen den milchigen Geschmack auf ihr Fleisch, was dieses zu einer Delikatesse macht.

# KRÄUTERQUARK

Als Brotaufstrich, zu Schalenkartoffeln, Ratatouille oder Gemüsegerichten

500 g Magerquark
1 unbehandelte Zitrone, abgeriebene Schale
2 EL Olivenöl
1 Knoblauchzehe, fein gehackt
Schnittlauch und krause Petersilie, fein geschnitten
1 Prise getrockneter Schabzigerklee
Salz, Pfeffer aus der Mühle

Den Quark in eine Schüssel geben und etwas abgeriebene Zitronenschale, das Olivenöl, den gehackten Knoblauch und die fein geschnittenen Kräuter untermischen.
Mit Schabzigerklee, Salz und Pfeffer würzen. Vor dem Servieren 20 Minuten stehen lassen, damit sich die Aromen entfalten können.

Tipp

Vorsicht beim Salzen von Quark und Mascarpone:
Das Salz kommt darin verzögert zur Wirkung, daher lieber erst weniger salzen und nach 15 Minuten nochmals abschmecken.

Variante

Natürlich kann man alle möglichen Kräuter für den Quark verwenden: Thymian, Liebstöckel, Lavendelblüten, Kerbel und Ysop passen sehr gut. Es gibt übrigens nur einige wenige Kräuter, die getrocknet stärker schmecken als frisch; dies ist etwa bei Schabzigerklee und Oregano der Fall.

# RETTICH-GURKEN-QUARKSCHALE

Als Salat und Dip zu Gemüse, Fleisch oder Fisch

1–2 Salatgurken, entkernt
1 Rettich
Salz
300 g Magerquark
100 g stichfester Joghurt
etwas Koriander-, Fenchel- und Schwarzkümmelsamen
4 EL Olivenöl
2 Knoblauchzehen, fein geschnitten
etwas frischer Dill und frische Minze, fein geschnitten
1 unbehandelte Zitrone, abgeriebene Schale und Saft
Pfeffer aus der Mühle

Zwei Drittel der Gurken und des Rettichs in dünne Scheiben schneiden oder hobeln, in ein Sieb geben, gut salzen und 15 Minuten entwässern. Ausdrücken und mit Küchenpapier trocken tupfen.

Den Rest der Gurke und des Rettichs fein raspeln, in ein Sieb geben, salzen und ebenfalls etwa 5 Minuten entwässern. Dann gut ausdrücken. In eine Schüssel geben und mit dem Quark und dem Joghurt gründlich vermengen.

Die Gewürzsamen in wenig Olivenöl leicht rösten und dazugeben. Die Kräuter, den Knoblauch und die abgeriebene Zitronenschale ebenfalls beifügen. Mit Salz und Pfeffer würzen.

Die entwässerten Gurken- und Rettichscheiben mit dem Zitronensaft, dem restlichen Olivenöl, Salz und Pfeffer als Salat anmachen und zusammen mit dem Kräuterquark servieren. Hält sich gut gekühlt ein paar Tage.

# KÄSEMOUSSE

Als Vorspeise zu Salat oder auf Crostini

150 ml Milch
1 Msp. Agar-Agar
frischer Thymian und Rosmarin, fein gehackt
150 g Schafskäse, gerieben
150 ml Rahm
Schnittlauch, in feine Röllchen geschnitten

Die Milch mit dem Agar-Agar aufkochen. Etwas Thymian und Rosmarin dazugeben und 5 Minuten, ohne zu kochen, ziehen lassen. Vom Herd nehmen und den geriebenen Schafskäse einrühren. Auf Handwärme abkühlen lassen.

Den Rahm steif schlagen. Schnittlauch und Schlagrahm unter die Käsemasse ziehen und die Mousse 2 Stunden kalt stellen. Hält sich gut gekühlt 3–4 Tage.

Variante

Anstelle des Schafskäses kann man auch alle anderen Hart- und Halbhartkäse verwenden.

# GEGRILLTER PROVOLONE

4 Scheiben Provolone dolce (à 40–80 g)
1 rote Zwiebel, in feine Ringe geschnitten
etwas frische rote Peperoncini, in feine Streifen geschnitten
frischer Oregano, Blättchen abgezupft

Provolone Valpadana ist die geschützte Herkunftsbezeichnung eines Käses aus Norditalien. Bei uns wenig bekannt, aber wegen seiner guten Schmelzfähigkeit und Fadenbildung der ideale Käse für die warme Küche. Als mild *(dolce)* und kräftig *(piccante)* erhältlich.

Passt zu Salat, Gemüse und Bratkartoffeln als Vorspeise oder Hauptgang.

Die Käsescheiben auf ein mit Backpapier belegtes Blech legen. Mit Zwiebelringen, Peperoncinistreifen und Oreganoblättchen belegen. Im auf 180 Grad vorgeheizten Backofen je nach Dicke der Käsescheiben 5–10 Minuten backen.

# ZIEGENKÄSE IM KNUSPERMANTEL

Als Vorspeise
oder Hauptgang

1 Zwiebel, fein geschnitten
Butter oder Öl
zum Andünsten
300 g Mangold
Salz, Pfeffer aus der Mühle
4 Scheiben Ziegenkäse
(à 40–100 g)
etwas Reismehl
1–2 Eier, verquirlt
3–4 EL Rapskerne
3–4 EL zermahlene
Cornflakes

Die fein geschnittene Zwiebel in etwas Butter oder Öl andünsten. Den Mangold dazugeben und mit Salz und Pfeffer würzen.

Die Ziegenkäsescheiben erst im Reismehl, dann im verquirlten Ei und zuletzt in der Mischung aus Rapskernen und zermahlenen Cornflakes wenden. In Butter oder Öl je nach Dicke der Käsescheiben 2–4 Minuten von jeder Seite anbraten.

### Varianten

Wer Ziegenkäse nicht mag, nimmt Tomme oder einen anderen Weißschimmelkäse.

Lauch, Spinat, Brennnessel, Wirsing, Federkohl (Grünkohl) oder Cima di Rapa (Stängelkohl) passen als Gemüse ebenfalls dazu.

Etwas Walnussöl, vor dem Servieren über den Käse geträufelt, verfeinert das Gericht.

# KÄSESCHNITTEN

4–8 Scheiben altbackenes Brot
Butter oder Nuss- beziehungsweise Olivenöl zum Bestreichen
50–100 g Reibkäse oder geraspelte Käsereste
4–6 EL Weißwein
Thymian, frisch oder getrocknet
Kümmel,
Pfeffer aus der Mühle
1 Zwiebel, in dünne Ringe geschnitten

Wenn vermeintlich gar nichts mehr vorrätig ist, hier ein Rezept, um aus (fast) nichts doch noch etwas hervorzuzaubern. Als kleine Mahlzeit oder mit einem schönen Salat ein vollständiges einfaches Gericht.

Das Brot mit Butter oder Öl einstreichen und auf ein Backblech legen.

Den Käse mit dem Weißwein zu einer Paste verrühren und mit Thymian, Kümmel und Pfeffer würzen. Die Paste sollte streichfähig, aber nicht flüssig sein. Auf den Brotscheiben verteilen und mit den Zwiebelringen belegen. Im auf 180 Grad vorgeheizten Backofen 15 Minuten backen.

# PIZOKEL MIT BERGKÄSE

### TEIG

125 g Weizenmehl
125 g Buchweizenmehl
2 Eier
180 ml Milch
Salz, Pfeffer aus der Mühle, geriebene Muskatnuss
2 EL Öl, am besten Olivenöl
Schnittlauch, Petersilie, Salbei, Thymian, Majoran, Estragon und Minze (Menge nach dieser Aufzählung abnehmend), fein geschnitten

### GEMÜSE UND KÄSE

600 g Suppengemüse (Lauch, Karotten, Sellerie, Kohlarten, Pastinaken, Petersilienwurzel, Bodenrüben, Kerbelwurzeln, Schwarzwurzeln, ganz nach Belieben und Vorrat)
Salz
100 ml Weißwein oder 50 ml Sherry
200 g Bündner Bergkäse (je 100 g milder viertelfetter und 100 g reifer vollfetter Käse), in Würfel geschnitten
20 g Butter, in Flöckchen

Für Pizokel gibt es unendlich viele Rezepte, hier meines nach Ilanzer Art. Ich bereite dieses Rezept heute noch so zu, wie es meine Tante nach meiner Kindheitserinnerung tat.

Für den Teig die beiden Mehlsorten in eine Schüssel geben. Die aufgeschlagenen Eier mit der Milch verrühren, Gewürze und Öl zugeben und die fein geschnittenen Kräuter darunterrühren, dann alles zu der Mehlmischung geben und mit der Küchenmaschine oder von Hand zu einem zähen Teig kneten. 30 Minuten bei Zimmertemperatur ruhen lassen.

Das Gemüse putzen und mundgerecht zerkleinern. Salzwasser aufsetzen. Den Weißwein oder Sherry zugeben und die Gemüsestücke darin blanchieren. Herausnehmen und in eine feuerfeste Form geben. Den Sud weiterkochen lassen.

Den Pizokelteig portionsweise auf ein Küchenbrett streichen, mit einem großen Messer in zeigefingergroße Stücke schneiden und in den kochenden Sud schieben. Das Messer kurz in den Sud tauchen, um das weitere Schneiden zu erleichtern. Wenn die Pizokel nach etwa 3 Minuten an die Oberfläche steigen, mit einer Lochkelle abschöpfen und auf das Gemüse legen. Mit den Käsewürfeln bestreuen. Am Schluss etwas vom Sud in die Form geben und die Butterflocken darüber verteilen.

Im auf 180 Grad vorgeheizten Backofen 15–20 Minuten backen.

Tipps

Den Sud aufbewahren, daraus lässt sich eine herrlich aromatische Suppe zaubern.

Fettarmer Käse schmilzt kaum und sorgt daher beim Essen für den gewünschten leichten Biss.

Varianten

Für einen laktosefreien Teig verwendet man anstelle der Milch Wasser.

Für eine vegane Version: Milch und Eier durch Wasser oder Sojamilch und 20 g Süßlupinenmehl ersetzen. Damit es seine Bindekraft entfaltet, muss Lupinenmehl heiß angerührt werden.

# ARANCINI – FRITTIERTE RISOTTOBÄLLCHEN MIT BÜFFELMOZZARELLA

Risotto koche ich gerne gleich in der doppelten Menge. Aus Risottoresten entsteht zum Beispiel dieses vorzügliche und wandlungsfähige Gericht. Als Snack, Vorspeise oder Hauptgang.

4 Portionen

Ca. 600–800 g gekochter Risotto (z. B. Tomatenrisotto oder was gerade zur Hand ist), ersatzweise 250 g ungekochter Risottoreis
1 Ei
ca. 8 Basilikumblätter, in feine Streifen geschnitten
1 Büffelmozzarella (180 g), in Würfel geschnitten
schwarzer Pfeffer aus der Mühle
Paniermehl, nach Belieben
300 ml Olivenöl oder Frittieröl

Den gekochten Risotto in eine Schüssel geben. Das Ei aufschlagen und unter den Risotto rühren. Das Basilikum dazugeben und alles gut vermischen.

Die Mozzarellawürfel kräftig mit schwarzem Pfeffer würzen.

Eine Handvoll Risotto abnehmen und eine Mulde hineindrücken. Einen Würfel Mozzarella hineinlegen, den Reis darüber verschließen und die Masse eiförmig formen. Nach Belieben in Paniermehl wenden. In einer tiefen Pfanne oder in der Fritteuse im auf 170 Grad erhitzten Öl schwimmend frittieren.

Mein Tipp

Das Öl hat die richtige Temperatur, wenn beim Eintauchen einer Holzkelle sich am Boden kleine Blasen bilden.

Varianten

Jede Art von Risottoresten eignet sich, Kräuter und Käse können nach eigenem Gusto variieren.

Mit Schinken- oder Speckwürfeln werden die Arancini üppiger.

# GEFÜLLTE WEISSWEINBIRNEN

Als Vorspeise, zu Käseplatten oder als vegetarischer Hauptgang mit Wirsing

### BIRNEN

500 ml Weißwein
1 Lorbeerblatt
1 Gewürznelke
1 Zweig Thymian
2 Pimentkörner
etwas Salz und Safran
1–2 Birnenhälften pro Person

### FÜLLUNG

60–80 g Ziegenfrischkäse oder anderer Frischkäse
1 EL heimischer Honig
etwas zerstoßener rosa Pfeffer
1 EL Nussöl

Für die Birnen einen Sud aus Weißwein, Lorbeer, Nelke, Thymian, Piment, etwas Salz und Safran aufsetzen und diesen 15 Minuten köcheln lassen. Die Birnen waschen und schälen, die Schalen in den Sud geben und mitköcheln, da sie viele Aromen enthalten.

Die Birnen halbieren und großzügig entkernen. Den Sud durch ein Sieb abgießen. Die Birnenhälften in den Sud legen, den Sud nochmals aufkochen und die Birnen je nach Sorte und Größe 3–5 Minuten kochen; sie sollten kompakt sein und noch Biss haben.

Für die Füllung den Frischkäse in eine Schüssel geben und mit einer Gabel zerdrücken. Den Honig und den rosa Pfeffer einarbeiten.

Die Birnen in eine feuerfeste Form legen und mit der Käsemasse füllen. Den Sud um die Birnen gießen und etwas Nussöl auf die Füllung tropfen. Im auf 180 Grad vorgeheizten Backofen 10–15 Minuten überbacken.

Varianten

Wem Ziegenkäse nicht schmeckt, kann ihn durch Cantadou, Mascarpone oder neutralen Frischkäse ersetzen.

Anstelle der Birnen Quitten verwenden, diese aber etwas länger kochen lassen.

Die Füllung kann mit Schnittlauch oder gehackten Nüssen angereichert werden.

# WEISSES PFIRSICH-INGWER-SÜPPCHEN MIT SAUERKLEE-PISTAZIEN-QUARKKNÖDELN

**SUPPE**

10 g Butter
4–6 weiße Pfirsiche, in Stücke geschnitten
1 kleines Stück Ingwer, fein geraspelt
40 g Zucker
1 EL Grand Marnier
500 ml Wasser

**KNÖDEL**

250 g Magerquark
1 Ei
1 Handvoll Sauerklee, gehackt (ersatzweise etwas weniger Minze oder Zitronenmelisse)
50 g Hartweizengrieß
1 EL Pistazien, gehackt
1 Prise Salz
½ EL Vanillezucker
etwas Essig

Diese sommerliche Nachspeise ist ein geschmacklicher Spagat zwischen traditioneller Kindheitserinnerung und Exotik.

Für die Suppe die Butter in eine Pfanne geben. Die Pfirsiche und den geraspelten Ingwer darin andünsten. Mit dem Zucker bestreuen und leicht karamellisieren. Mit dem Grand Marnier und dem Wasser ablöschen, kurz aufkochen, pürieren und kalt stellen.

Für die Knödel den Quark und das Ei in eine Schüssel geben und mit dem gehackten Sauerklee beziehungsweise der Minze oder Zitronenmelisse vermischen. Kurz pürieren, damit das Kleegrün dem Quark eine leicht grünliche Farbe verleiht. Den Grieß und die Pistazien einarbeiten, mit dem Salz und dem Vanillezucker abschmecken. Die Masse 30 Minuten quellen lassen.

Aus dem Teig acht Knödel formen und diese in siedendem Essigwasser 5–10 Minuten gar ziehen lassen. Mit einer Schaumkelle sorgfältig herausheben und zur kalten Suppe reichen.

Variante

Dieses Rezept eignet sich wunderbar für die Verwertung von überreifen Früchten. Und natürlich kann man anstelle der weißen Pfirsiche auch gelbe Pfirsiche, Nektarinen, Kakis oder Aprikosen verwenden.

# »GESCHIEDENE« SÜSSE MILCH

Früher ekelte mich die »geschiedene« (geronnene) Milch. Heute habe ich eine einfache und leckere Weiterverwertung entdeckt.

Die geschiedene Milch in einem feinmaschigen Sieb gut abtropfen lassen. Mit Vanillezucker und ein paar Tropfen Rosenwasser parfümieren und kalt servieren. Auch Zimt und Zucker, Kakao und gemahlener Kardamom passen wunderbar. Süßen nach Belieben.

# GEBACKENER RICOTTA

Ricotta ist ein Frischkäse, der nach ein paar Tagen leicht säuerlich wird. Mit dieser Methode kann man seine Haltbarkeit verlängern, und es entsteht etwas überraschend Neues. Eine schöne und leckere Art der Konservierung, entweder süß oder salzig.

Den Ricotta als Ganzes auf eine feuerfeste Platte stürzen und im vorgeheizten Ofen bei 150 Grad ohne Umluft 30 Minuten backen, anschließend bei 190 Grad 10 Minuten goldbraun backen. Er bleibt so, gekühlt gelagert, bis zu einem Monat haltbar.

Den gebackenen Ricotta kann man einfach so genießen, in Salate geben oder warm in Pastasaucen und vegetarische Speisen.

Ricotta
Amaretto
Mandelblättchen
Vanillezucker

Mein Tipp: Süßer Ricotta

Den Ricotta in eine feuerfeste Form legen und mit einer Gabel einstechen. Mit Amaretto beträufeln, mit Mandelblättchen bedecken und mit etwas Vanillezucker bestreuen. Im auf 180 Grad vorgeheizten Backofen etwa 45 Minuten goldbraun backen. Kalt oder warm servieren.

Dazu passt ein Kompott aus sauren Früchten, beispielsweise Sauerkirschen, Rhabarber, Johannis- oder Stachelbeeren.

# ÜPPIGER SCHOKOLADENKUCHEN

Für 1 Springform von
24–28 cm Durchmesser

9 Eier
180 g weiche Butter
300 g Zucker
1 Päckchen Vanillezucker
400 g dunkle Schokolade
(mindestens 60 %)
Rum, Brandy oder Amaretto,
nach Belieben
200 g gemahlene Haselnüsse

Die Eier trennen. Die Eigelbe schaumig schlagen und mit Butter, Zucker und Vanillezucker, Schokolade und dem Alkohol in eine Schüssel geben und bei 40 Grad im Wasserbad schmelzen. Die gemahlenen Haselnüsse sorgfältig unter die Buttermasse mischen. Die Eiweiße steif schlagen und vorsichtig unterziehen.

Den Teig in die mit Backpapier ausgelegte Form füllen und im auf 170 Grad Umluft vorgeheizten Backofen etwa 40 Minuten backen. Den fertigen Kuchen aus der Form lösen und auskühlen lassen. Am besten schmeckt der Kuchen, wenn er 1 Tag durchgezogen ist; gekühlt ist er mindestens 7 Tage haltbar.

Mein Tipp

Dazu serviere ich Crème double (Doppelrahm). Vorsicht mit der Größe der Portionen – dieser Kuchen ist schwer wie eine Praline, aber unglaublich köstlich!

# DER APFEL

Saftige
Maigold

# VOLL IM SAFT

»An apple a day keeps the doctor away.« Der tägliche Apfel soll uns den Arzt ersparen, so die Redewendung, die nicht nur im englischen Sprachraum Gültigkeit hat. Der kräftige Biss in einen Apfel weist auf gesunde Zähne hin, und ist mehr noch ein purer Biss rohe, gesunde Ernährung.

Warum konnte Adam dem Apfel nicht widerstehen? Warum hat Schneewittchen in einen Apfel gebissen? Der Apfel spielt in vielen Mythen und Märchen eine wichtige Rolle. Er steht für Fruchtbarkeit, Sexualität und Liebe. Als Frucht am Baum der Erkenntnis und des ewigen Lebens trägt er auch eine moralische Last. Doch die verführerische Lust, in einen Apfel zu beißen, bleibt.

Mit dem Apfelschuss des Wilhelm Tell ist der Apfel nicht zuletzt auch eine Art Nationalsymbol der Schweiz. Und der Thurgau, wo intensiv Obstbau betrieben und Apfelsaft produziert wird, heißt im Volksmund »Mostindien«.
Ich mag sehr gern sortenreinen Süßmost. Doch es gibt auch Bauern, die ihre eigene Apfelsaft-Cuvée aus abgestimmten Sorten, teils mit einem Anteil Birnen, brauen. Gut harmoniert auch ein Apfelsaft mit Zugabe von wenig Quitten.

Leider sind wegen der heutigen Ansprüche an die Lebensmittel viele unserer alten Apfelsorten verschwunden. Kalibrierung, Lagerfähigkeit und Schorffreiheit bestimmen die Auswahl der auf dem Markt erhältlichen Äpfel. Glücklicherweise gibt es Organisationen wie Slow Food und Pro Specia Rara, die sich für den Erhalt alter heimischer Sorten einsetzen, wie etwa Klarapfel, Usterapfel und Sauergrauech.

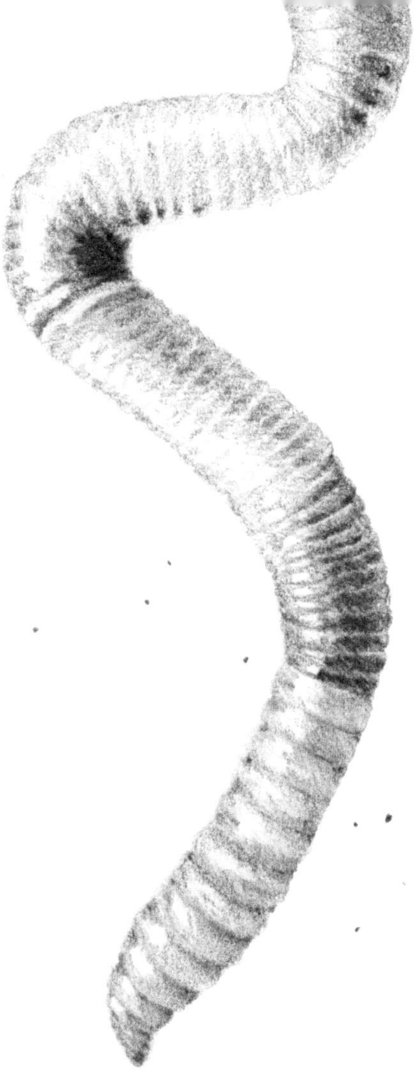

# GETROCKNETE APFELSCHALEN-CHIPS

Schalen von Äpfeln

**Oft werden Apfelschalen einfach weggeworfen. Als Kind saß ich oft am Küchentisch, während meine Mutter Äpfel etwa für Kuchen schälte, und aß die Schalen einfach weg. Noch heute landen diese Abfälle in meinem Mund oder werden als Chips haltbar gemacht.**

Die Schalen einzeln auf dem Backblech verteilen und im Ofen bei 60–70 Grad 30–40 Minuten trocknen lassen. Gedörrt halten sich die Apfelchips lange, meist sind sie aber im Nu weggenascht …

Auch Apfelreste können auf diese Weise verwertet werden. Das Kerngehäuse ausstechen und die Äpfel in dünne Scheiben schneiden. Bei 70 Grad im Ofen 1–2 Stunden dörren oder an einem Faden auffädeln und mehrere Wochen zum Lufttrocknen aufhängen.

# EINGEMACHTE APFELSCHNITZE

**Im Herbst überschwemmt uns die Apfelflut. Jetzt ist die Zeit, sie auch für den Vorrat einzumachen.**

Ergibt 2 Gläser à 250 ml

4–5 geschälte oder ungeschälte Äpfel, in Schnitze geschnitten
300 ml Wasser
2 EL dunkler Rum
1 Sternanis
1 Stück Zimtstange (3 cm)
1 Vanilleschote, längs aufgeschlitzt
1 Gewürznelke
3–4 Koriandersamen
2 Streifen unbehandelte Zitronen- oder Orangenschale
40–60 g Zucker

Die Apfelschnitze, Wasser, Rum, alle Gewürze und die Zitronen- oder Orangenschale in einen Topf geben und 15 Minuten kochen. Den Zucker je nach Belieben und Süße der Äpfel dazugeben. Ich lasse die Gewürze gerne mit im Einmachglas, so wird der Geschmack intensiver und zudem sieht es dekorativ aus.

Alternativ dazu kann man auch den Sud mit allen Zutaten, aber ohne die Apfelschnitze, kochen, dann den Sud absieben, die Apfelschnitze dazugeben und je nach Sorte kurz oder länger (2–3 Minuten) aufkochen, sodass die Schnitze noch knackig sind.

In die ausgekochten Gläser füllen, verschließen und in kochendem Wasser sterilisieren. Bei geringer Zuckerzugabe nach dem Öffnen im Kühlschrank lagern.

## Varianten

Um nicht alle Gewürze extra kaufen zu müssen, kann man auch 1 Teelöffel fertig gekaufte Lebkuchengewürzmischung verwenden.

Rum kann durch Calvados, Brandy oder Grand Marnier ersetzt werden. Natürlich kann man die Apfelschnitze auch ohne Alkohol zubereiten.

# APFELRÖSTI

Als Dessert oder auch als süße Mahlzeit

30–40 g Gänseschmalz, Butter oder Öl
300–400 g altbackene Brotwürfel (wenn möglich Weißbrot)
Zucker
4 Äpfel, in dünne Schnitze oder Würfel geschnitten
Zimt

Das Fett in eine heiße Bratpfanne geben. Die Brotwürfel darin goldbraun rösten und mit wenig Zucker karamellisieren. Die Äpfel dazugeben und ebenfalls rösten. Mit Zucker und Zimt abschmecken und heiß servieren.

## Varianten

Mit Vanillezucker, abgeriebener Zitronenschale oder mit anderem Obst als den Äpfeln zubereiten.

Mit einer Kugel Vanilleeis servieren.

Als vegane Variante die Brotwürfel in Nuss- oder Rapsöl braten.

# MEINE TAUSENDFACH BEWÄHRTE APFELWÄHE

Für 1 runde Kuchenform von 26–28 cm Durchmesser

1 fertig gekaufter Blätterteig
4–6 Äpfel
Zucker zum Bestreuen

**GUSS**

2 Eier
40 g Zucker
Vanillezucker
1–2 EL Brandy, Calvados, Rum, Amaretto oder Grand Marnier oder was die Hausbar gerade bietet
1 unbehandelte Zitrone oder Orange, etwas abgeriebene Schale
100 ml Vollrahm
4–5 EL Quark

Den Blätterteig rund ausrollen, in die Form legen und den überstehenden Teig abschneiden. Die Reste für die Garnitur verwenden.

Die Äpfel schälen und halbieren, vom Kerngehäuse befreien und die Hälften auf dem Blätterteig verteilen. Die Äpfel mit einem Messer fächerartig einschneiden. Mit etwas Zucker bestreuen und im auf 180 Grad vorgeheizten Ofen 15–20 Minuten backen.

In der Zwischenzeit den Guss zubereiten. Die Eier mit dem Zucker und etwas Vanillezucker schaumig aufschlagen, bis eine helle luftige Masse entsteht. Den Alkohol und die abgeriebene Zitrusschale zugeben, dann Rahm und Quark unterziehen. Den Guss über die vorgebackene Wähe verteilen, die Apfelhälften sollten nicht ganz damit bedeckt sein. Die Wähe nochmals 15–20 Minuten im Ofen goldbraun backen. Warm oder abgekühlt mit Schlagrahm garniert servieren.

### Tipp

Anstelle des Blätterteigs kann man auch Kuchen- oder Mürbeteig verwenden, ich bevorzuge aber Blätterteig, da dieser schön knusprig wird. Er muss dann allerdings gleich gegessen werden.

### Varianten

Etwas Safran, Berberitzen oder Aroniabeeren in den Guss geben.

30 g geriebenes Marzipan auf dem Teig verteilen und/oder dem Guss beigeben, dabei den Zucker etwas reduzieren.

Mit gemahlenen Nüssen, Ingwer und Zimt bekommt der Apfelkuchen eine ganz persönliche Note.

# APFEL IM SCHLAFROCK

4 Äpfel
8 Streifen Blätterteig,
3 cm breit
1 Eigelb

**FÜLLUNG**

1-2 EL Marzipan, zerbröckelt
etwas Amaretto
1 unbehandelte Orange,
etwas abgeriebene Schale
(ersatzweise Zitrone,
Bergamotte
oder Bitterorange)
2 EL Haselnüsse, gehackt
(ersatzweise Mandeln,
Cashewkerne oder Pistazien)

Vanillesauce, siehe
Salzburger Nockerl (Seite 55)

**Dieses Rezept gibt es in vielen Varianten, für meine verwende ich weniger Blätterteig.**

Von den Äpfeln mit einem Apfelausstecher die Mitte ausstechen. Mit einem Messer die Öffnung etwas vergrößern, damit mehr von der Füllung hineinpasst. Für die Füllung alle Zutaten gut vermischen und in die Öffnung geben.

Jeweils 2 Blätterteigstreifen über Kreuz legen und den gefüllten Apfel in die Mitte daraufsetzen. Die Teigstreifen nach oben klappen und mit dem verquirlten Eigelb bestreichen. Die Äpfel im auf 180 Grad vorgeheizten Backofen je nach Größe 30–45 Minuten backen. Noch warm mit der Vanillesauce servieren.

# APFEL-LINSEN-SALAT

Olivenöl
1 Zwiebel, fein geschnitten
2 Knoblauchzehen, fein geschnitten
1–2 unbehandelte Zitronen, abgeriebene Schale und Saft
1 Lorbeerblatt
etwas frischer Thymian
200 g grüne Linsen
400 ml Gemüsebouillon
50 ml Noilly Prat (trockener Wermut)
1–2 Stangen Staudensellerie
2–3 Äpfel
etwas frischer Dill, klein gehackt
Salz, Pfeffer aus der Mühle

**Ein gutes veganes Basisrezept mit fast unendlichen Variationsmöglichkeiten.**

Wenig Olivenöl in einen Topf geben, die Zwiebel und den Knoblauch darin andünsten. Die Zitronenschale, das Lorbeerblatt, die Thymianblätter sowie die Linsen dazugeben. Mit der Gemüsebouillon und dem Noilly Prat ablöschen und die Linsen etwa 30 Minuten weich kochen (je nach Sorte kann die Kochzeit kürzer oder länger sein); die Linsen sollten weich, aber nicht matschig sein. Dann abgießen und gut abtropfen lassen.

Für die Sauce den Zitronensaft mit etwas Olivenöl vermengen. Den Staudensellerie falls nötig schälen und in dünne Scheiben schneiden. Die Äpfel entkernen und in dünne Schnitze schneiden. Beides sofort unter die Sauce mischen. Etwas frischen Dill dazugeben und die Sauce mit Salz und Pfeffer abschmecken. Die abgekühlten Linsen untermischen.

### Varianten

Anstelle des Staudenselleries oder als Ergänzung dazu Fenchel, Kohlrabi, Lauch oder Brunnenkresse verwenden. Auch Avocados passen sehr gut dazu.

Die Zitronen durch Limetten oder Grapefruits ersetzen.

Einen exotischen Geschmack erhält der Salat durch die Verwendung von Fenchel-, Koriander- und Senfsamen, Ingwer und frischem Koriander.

# CALVADOSSAUCE

**Passt gut zu Kalbfleisch, Schwein und Geflügel, aber auch für vegetarische Speisen an Herbst- und Wintertagen.**

Ergibt 500 ml Sauce, ausreichend für 4 Personen

- 30 g Butter oder 30 ml Sonnenblumenöl
- 2–3 Schalotten, fein geschnitten
- 2 Knoblauchzehen, gehackt
- 1 Lorbeerblatt
- 1–2 Äpfel, geschält, in Würfel geschnitten
- 1 EL Reismehl oder Maisstärke
- 200 ml Kalbs- oder Geflügelfond
- 50 ml Weißwein
- Salz, Pfeffer aus der Mühle
- 150 ml Rahm
- 1 EL frischer Majoran, Blättchen abgezupft
- 2 EL Calvados oder Apfelschnaps
- mildes Paprikapulver, Cayennepfeffer

Butter oder Öl in eine heiße Bratpfanne oder eine Sauteuse geben. Schalotten, Knoblauch, Lorbeer und die Äpfel darin andünsten. Mit Reismehl oder Maisstärke bestäuben und mit dem Fond und dem Weißwein ablöschen. Mit etwas Salz und Pfeffer würzen und 15 Minuten leicht köcheln lassen.

Für eine cremige Sauce kurz pürieren; ich jedoch bevorzuge Saucen mit Struktur, darum verzichte ich auf das Pürieren. Rahm, Majoran und Calvados dazugeben, sorgfältig unterrühren und 5 Minuten auf kleiner Flamme ziehen lassen. Nicht mehr kochen lassen! Vor dem Servieren mit mildem Paprikapulver und Cayennepfeffer abschmecken.

**Varianten**

Die Äpfel durch Birnen, Aprikosen, Zwetschgen oder Quitten ersetzen und mit den entsprechenden Schnäpsen abschmecken.

Kräuter wie Thymian, Rosmarin oder Petersilie passen ebenfalls gut in die Sauce.

bio

# RIZ CASIMIR

2–3 Hühnerbrüste (500–600 g)
Salz, Pfeffer aus der Mühle
Reismehl zum Bestäuben
Öl und Butter zum Braten
2–3 Zwiebeln, fein geschnitten
2–3 Äpfel, in feine Würfel geschnitten
ca. 2 EL mildes Currypulver
400 ml Gemüse- oder Hühnerbouillon
200 ml Halbrahm (fettreduzierte Sahne)
250–300 g Langkornreis
50 g Kokosraspel
2 Bananen
8 eingelegte Cocktailkirschen

**Ein großer Klassiker, 1952 in der Schweiz von den Mövenpick-Restaurants erfunden. Wohl eines der ersten Gerichte der Fusion-Küche. In den Sechzigerjahren eine Revolution auf den Schweizer Tellern, inzwischen aber leider etwas in Vergessenheit geraten. Hier meine Version des Gerichts.**

Das Hühnerfleisch in mundgerechte Stücke schneiden und mit Salz und Pfeffer würzen. Mit etwas Reismehl bestäuben, so wird es schön knusprig und goldbraun. In heißem Fett (Öl oder Butter) anbraten und beiseitestellen.

Die Zwiebel- und Apfelwürfel in einer heißen Sauteuse in Butter andünsten. Mit dem Currypulver bestreuen. Mit der Gemüse- oder Hühnerbouillon ablöschen und 20 Minuten kochen lassen. Nach Belieben mehr oder weniger fein pürieren.

Das Hühnerfleisch und den Halbrahm zugeben und, ohne zu kochen, 10 Minuten erwärmen. Mit Salz und Pfeffer abschmecken.

Den Reis nach Packungsanleitung gar kochen, abgießen und abtropfen lassen.

Die Kokosraspel ohne Zugabe von Fett in einer Bratpfanne etwas anrösten, dann leicht salzen. Die Bananen vierteln und in Butter anbraten, mit Salz und Curry würzen.

Zum Anrichten den Reis auf einem Teller ringförmig anrichten und das Hühnercurry in die Mitte füllen. Mit Bananen, Kokosraspeln und Cocktailkirschen ausgarnieren.

## Varianten

Anstelle der Äpfel das Curry mit Ananasstücken, Pfirsichen oder Birnen zubereiten.

Mit Mandelsplittern oder Rosinen garnieren.

Anstelle von Hühnerfleisch kann man auch sehr gut Schweineragout verwenden.

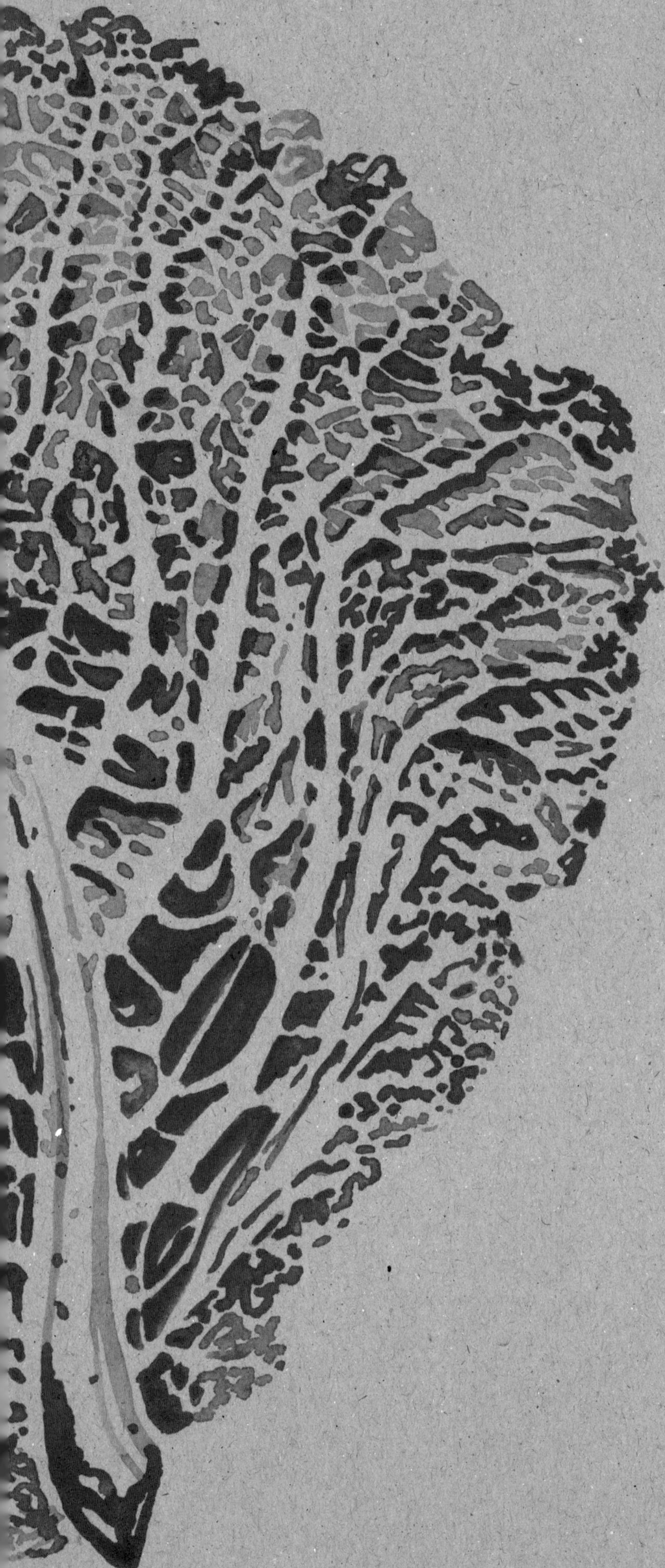

# DER KOHL

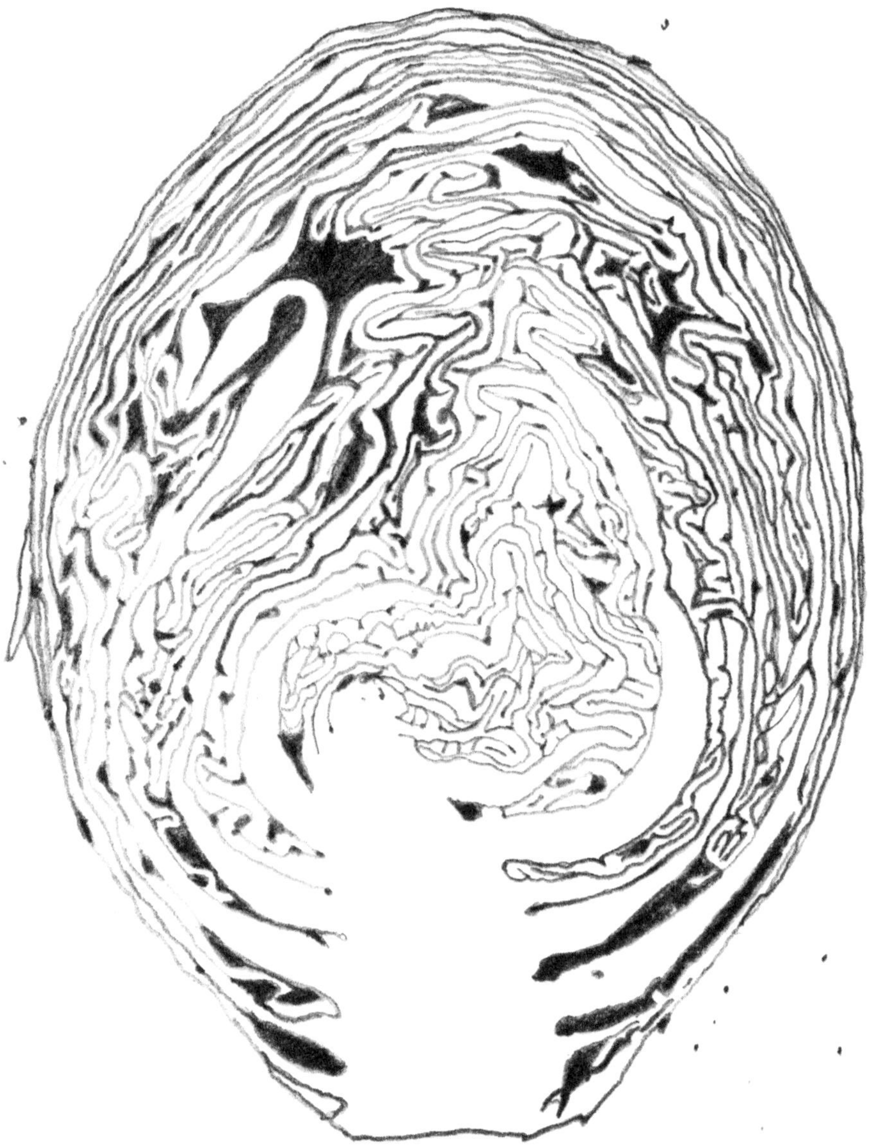

# VOM ARMELEUTE-ESSEN ZUM SUPERFOOD

Einst in Hungerzeiten war der Kohl Retter in der Not, später wurde er verächtlich als Armeleute-Essen abgetan. Doch inzwischen hat er seinen schlechten Ruf abgeschüttelt. Heute gilt er als Superfood und Wundermittel gegen Krebs, als Vitaminbombe und reichhaltige Mineralstoffquelle. Seit Hollywood-Stars wie Jennifer Aniston von »Kale« schwärmen, scheint es so, als ob sich ganz Amerika und die weltweite Fitnessgemeinschaft nur noch von Kohl ernährten. Kohl essen ist hip geworden.

Insbesondere der Feder- oder Grünkohl *(Brassica oleracea* var. *sabellica)* feiert seine Auferstehung und gilt heute als trendy, so als sei er eben erst gezüchtet worden. Dabei ist Federkohl eigentlich die ursprüngliche Form des Kohls, und alle anderen Arten wurden aus ihm hervorgezüchtet. Eine besondere Eigenschaft hat der Grün- oder Federkohl: Er wächst auch bei Frost im Freien weiter und kann immer wieder über den ganzen Winter und oft bis ins Frühjahr frisch geerntet werden. Egal welche Sorte, Kohl gedeiht auf jeden Fall bis in den Winter hinein und war gerade darum früher in der kargen Jahreszeit der wichtigste Vitamin-C-Lieferant. Kohl kann so im Gemüsegarten als Zweitkultur gepflanzt werden und erlaubt so eine optimale Nutzung der Fläche.

Für den Kohl gilt dasselbe wie für viele einfache, unspektakuläre Zutaten: Die Herausforderung beim täglichen Kochen liegt darin, mit einem Lebensmittel zu spielen und es zu variieren. Es immer wieder anders und neu zu verpacken – und genau dies war die Stärke der sogenannten Armeleute-Küche, die uns viele ausgezeichnete Rezepte geschenkt hat.

Als »Kohlkopf« bezeichnet man auch einen simplen, vielleicht sogar geistig beschränkten Menschen …

# SAUERKRAUT

600–800 g rohes Sauerkraut, gekauft oder selbst fermentiert (siehe Seite 164)
etwas Öl oder Butter
300 ml Wasser
1 Lorbeerblatt
4–6 Wacholderbeeren
2 Gewürznelken
Thymian, Dill und Majoran, klein gezupft
Salz, Pfeffer aus der Mühle

Ich stelle mir gerne vor, wie es wohl war, in kargen Zeiten und mit einer kleinen Auswahl an Zutaten zu kochen. So habe ich auch, weil es meine winterliche Leibspeise ist, mit Sauerkraut experimentiert und ihm meine ganze Liebe und Leidenschaft geschenkt, um neue Zubereitungsarten von üppig bis sahnig-mild zu finden. Zu Unrecht kommt Sauerkraut meist als Begleitung von schweren, fetten Fleischgerichten – etwa Speck, Rippchen, Blut- und Leberwürste – auf den Tisch. Als mildes Sauerkraut passt es auch gut zu Fisch. Und es hat nicht zuletzt das Potenzial, von der Beilage zum eigenständigen Gericht aufzusteigen.

Öl oder Butter in einem Topf erhitzen. Das Sauerkraut darin kurz andünsten, mit dem Wasser ablöschen, sämtliche Gewürze und Kräuter untermischen und leicht salzen. Zugedeckt 40–50 Minuten sanft köcheln lassen. Zum Schluss mit Salz und Pfeffer abschmecken.

### Tipps

Pro Portion rechnet man 150–200 g rohes Sauerkraut. Es darf auch mehr sein, denn Reste sind gekühlt gut eine Woche haltbar. Sie können aufgewärmt, als Salat verspeist oder weiterverarbeitet werden. Es lohnt sich, rohes Sauerkraut zu nehmen, um den Gewürzen die Zeit zu lassen, sich voll zu entfalten.

### Varianten

Neben den oben genannten Grundgewürzen passen auch Estragon, Bohnenkraut, Schwarzkümmel, Fenchelsamen, Koriandersamen, Kümmel, rosa Pfeffer und Piment wunderbar zu Sauerkraut. Mit Zimtknospen und Safran würze ich, wenn es mal exklusiv und exotisch sein darf.

Um die Säure zu brechen und das Kraut milder und kindgerechter zu machen, kann man Schnitze von Äpfeln, Quitten oder Birnen mitkochen. Auch Dörrbirnen oder Dörrpflaumen, Pastinaken, Kerbelwurzeln oder Sellerie können untergemischt werden, ebenso wie reichlich Zwiebeln. Meine Favoriten sind Quitten und Kerbelwurzeln. Mit Weißwein, Apfelwein oder Prosecco wird das Sauerkraut ausgewogener und »besonderer«.

# SELBER FERMENTIEREN

1–2 kg Weißkohl
Salz
3 Lorbeerblätter
6–8 Wacholderbeeren
3–4 Gewürznelken
1 TL Koriandersamen
Thymian und Dill, frisch gezupft oder getrocknet

Will man Sauerkraut selbst herstellen, schneidet man den Kohl ohne den Strunk mit dem Gemüsehobel in feinste Streifen von 1–2 mm Dicke und salzt sie leicht. Die Kohlstreifen mit einem Fleischklopfer auf einem Küchenbrett gut schlagen, um die Zellwände aufzubrechen; das erst ermöglicht die Gärung. Anschließend mischt man die Gewürze unter und gibt alles in einen Steinguttopf. Den Topf mit Folie luftdicht abdecken und gut beschweren. Die Fermentierung braucht 4–6 Wochen und sollte alle 2–3 Tage kontrolliert werden. Das Kraut darf nie trocken liegen, sonst entsteht Fäulnis; bei Bedarf mit Salzlake nachfüllen.

### Varianten

Wenn man nach dem gleichen Verfahren wie Sauerkraut Rotkohl ansetzt, entsteht ein schönes Blau-Rot. Wirsing-Sauerkraut wird etwas milder und hat eine schöne grünliche Farbe. Mit diesen drei Varianten könnte man auch ein Trio von dreifarbigem »Sauerkraut« servieren.

In Osteuropa werden dem Sauerkraut gerne Karottenstreifen beigemischt. Dies ist nicht nur farblich schön, die Süße der Karotte passt auch gut zum eher sauren Sauerkraut und mildert es ein wenig ab.

# MEIN LIEBLINGSREZEPT: MILDE SAUERKRAUTSUPPE

20 g Butter
1 mittlere Zwiebel, fein geschnitten
2 Wacholderbeeren
Kümmel, Schwarzkümmel
100 ml Prosecco oder 50 ml Noilly Prat (trockener Wermut)
½ TL Thymian, gehackt
1 Lorbeerblatt
300 g rohes Sauerkraut
300 g mehligkochende Kartoffeln, geschält und gewürfelt, oder 60 g Risottoreis
1 l Gemüsebouillon
einige Zweige Majoran, Blättchen abgezupft
Sauerrahm (saure Sahne)
Salz, Pfeffer aus der Mühle

Die Butter in einem Topf schmelzen und die Zwiebel darin andünsten. Die Wacholderbeeren und etwas Kümmel und Schwarzkümmel beigeben. Mit einem Schuss Prosecco oder Noilly Prat ablöschen, den Thymian und das Lorbeerblatt hinzufügen. Das Sauerkaut, die Kartoffeln oder den Risottoreis sowie die Gemüsebouillon dazugeben und alles 50 Minuten zugedeckt kochen lassen. Nach Belieben pürieren und mit frischem Majoran, Sauerrahm, Salz und Pfeffer abschmecken.

250 ml Milch
15 g Butter
Salz, Pfeffer aus der Mühle, geriebene Muskatnuss
55 g Hartweizengrieß
30 g Jersey Blue oder anderer Blauschimmelkäse, gerieben
3 Eigelb

**Dazu passen: Jersey-Blue-Knödel**
Die Milch mit der Butter sowie etwas Salz, Pfeffer und Muskatnuss aufkochen. Den Hartweizengrieß einrühren und zugedeckt 15 Minuten quellen lassen. Den Käse und die Eigelbe einarbeiten.

Aus der Masse Knödel formen und diese in leicht siedendem Salzwasser gar ziehen lassen. Die Knödel als Einlage in die Sauerkrautsuppe geben.

**Oder: Blutwurstravioli**
Für vier große Ravioli 2 Esslöffel Blutwurst und 3 Esslöffel Mascarpone mischen, mit etwas frisch gehacktem Majoran und gemahlenem Piment würzen und als Füllung für Ravioli verwenden. In leicht siedendem Salzwasser garen und als Einlage in die Sauerkrautsuppe geben.

# KIMCHI

In Korea gehört Kimchi als absolutes Muss in jeden Kühlschrank. Wie Sauerkraut entsteht Kimchi durch Fermentierung (Milchsäuregärung) und ist ein wichtiger Vitamin-C-Spender für die Wintermonate. Die japanische Entsprechung ist Tsukemono – sauer eingelegte Gemüse, saure Bohnen und natürlich die in Essig eingelegten Gemüse, vorweg die Essiggurke –, alles vielseitige Konservierungsarten. Die oft kurze Saison von Lebensmitteln kann durch das Einlegen in Essig auf das ganze Jahr verlängert werden.

Für ein Glas von 500 ml

400 g Chinakohl
30 g Salz
1 Frühlingszwiebel
1 cm Ingwer, fein geschnitten
1 Stück Rettich (am besten Schwarz- oder Winterrettich), fein geschnitten
2 Knoblauchzehen, fein geschnitten
1 rote Chilischote, fein geschnitten
1 EL Zucker
1 EL Fischsauce

Den Kohlkopf vierteln, vom Strunk befreien und in 2 cm breite Streifen schneiden. Schichtweise in eine Schüssel geben und die Lagen jeweils mit Salz bestreuen. Mit Salz abschließen. Den Kohl mit einem Teller beschweren und 4 Tage an einem dunklen und kühlen Ort ziehen lassen. Dann den Kohl in ein Sieb geben, etwas von der Salzlake beiseitestellen, den Kohl abspülen und gut abtropfen lassen.

Die Frühlingszwiebel schräg in Scheiben schneiden, mit Ingwer, Rettich, Knoblauch, Chilischote und dem Chinakohl mischen und in das Vorratsglas füllen. Mit dem Zucker bestreuen und mit der Fischsauce und etwas von der restlichen Salzlake übergießen. Im Kühlschrank mindestens 1 Tag ziehen lassen.

Das Kimchi hält sich so mehrere Wochen. Es passt zu Gemüsecurry, Fisch oder Fleisch.

### Vegane Variante

Für eine vegane Variante anstelle von Fischsauce Sojasauce oder etwas mehr von der Salzlake verwenden.

# KOHL- ODER CHABISSALAT

1 Weißkohl von ca. 800 g
Kümmelsamen oder
gemahlener Kümmel
Salz
100 ml Obstessig (Apfel-,
Quitten- oder Birnenessig)
Pfeffer aus der Mühle
3–4 EL Raps- oder
Sonnenblumenöl

Den Kohlkopf vierteln und vom Strunk befreien. Mit dem Gemüsehobel in 1–2 mm dünne Streifen hobeln. Mit etwas Kümmelsamen oder gemahlenem Kümmel sowie wenig Salz würzen. Mit Essig bedecken und mindestens 3 Stunden ziehen lassen. Der Essig »bricht« den Kohl und macht ihn weich und zart. Mit Salz und Pfeffer abschmecken und das Raps- oder Sonnenblumenöl daruntermischen.

### Mein Chabissalat

Den Kohlkopf vorbereiten wie oben beschrieben. Als Essig bevorzuge ich Quittenessig. Und ich mag den Salat mit reichlich Kümmel, Schwarzkümmel und einer kleinen Prise gemahlenem Schabzigerklee. Nach dem Marinieren gebe ich 4 Esslöffel Mohnsamenöl oder Walnussöl dazu und schmecke mit gemahlenem Piment, Salz und fein geschnittenem frischen Majoran ab. Passt gut auf einen gemischten Salatteller, zu gegrilltem Fleisch oder zu rustikalen Würsten.

### Variante

Anstelle von Weißkohl kann man auch Spitzkohl oder Chinakohl verwenden; beide schmecken weniger intensiv kohlartig und sind zarter in der Struktur.

# KNUSPRIG GEBRATENER FEDERKOHL

Die knusprig gebratenen Federkohlblätter passen als Garnitur auf Salate und Suppen oder eignen sich auch einfach so zum Naschen.

4–6 Blätter Federkohl (Grünkohl)
Olivenöl
Salz, Pfeffer aus der Mühle
Chili oder Knoblauch, klein gehackt, nach Belieben

Den Federkohl vom Strunk befreien, die Blätter in mundgerechte Stücke zupfen und in heißem Olivenöl knusprig braten. Mit Salz und Pfeffer würzen und nach Belieben Chili oder Knoblauch dazugeben.

Mein Tipp

Eine wunderbare Gemüsebeilage. Auf dieselbe Art kann man auch Wirsing (Wirz) oder Pak Choi zubereiten.

# SCHWARZKOHL MIT DÖRRTOMATEN UND CASHEWKERNEN

600–800 g Schwarzkohl (Cavolo nero)
2–3 Knoblauchzehen, fein gehackt
Peperoncini, fein gehackt, nach Belieben
Olivenöl zum Andünsten
80 g Cashewkerne
40–60 g Dörrtomaten
Sherry und Gemüsebouillon zum Ablöschen
Salz, Pfeffer aus der Mühle, nach Belieben

**Passt zu Pasta, Reis, Couscous oder Kartoffeln.**

Den Schwarzkohl in dünne Streifen schneiden und mit dem fein gehackten Knoblauch und nach Belieben Peperoncini in Olivenöl andünsten. Die Cashewkerne und die Dörrtomaten dazugeben und mitdünsten. Mit etwas Sherry und Gemüsebouillon ablöschen. Bei Bedarf mit Salz und Pfeffer abschmecken; dies ist aber oft nicht mehr nötig, da die Dörrtomaten schon sehr salzig sind.

### Varianten

Auf dieselbe Art kann man auch alle anderen Kohlarten verwenden, etwa Wirsing (Wirz), Federkohl, Chinakohl oder Pak Choi.

Anstelle von Cashewkernen können auch geschälte Mandeln oder Pinienkerne verwendet werden.
Ich mag diese einfache und schnelle Art der Zubereitung, dazu ist die Sauce auch noch vegan.

# WIRSINGWICKEL

8 große grüne Blätter Wirsing (Wirz)
Salz

**FÜR DIE FÜLLUNG**
250 g Kürbis, in kleine Würfel geschnitten
trockener Sherry
Salz
Majoran, frisch oder getrocknet
Cayennepfeffer
50 g Bergkäse (25 % Fett), klein gewürfelt
50 g kräftiger Gruyère, klein gewürfelt
wenig Gemüsebouillon

Die dicken Rippen der Wirsingblätter flach schneiden (dadurch lässt sich das Blatt einfacher aufwickeln). Die Blätter in kochendem Salzwasser 2–3 Minuten blanchieren, dann kalt abschrecken; so behält der Wirsing seine satte grüne Farbe.

Für die Füllung den Kürbis im vorgeheizten Ofen bei 200 Grad ohne Zugabe von Fett garen. Dadurch entwickelt sich sein Geschmack besser; er kann aber auch klein gewürfelt in der Bratpfanne gedünstet werden. Den Kürbis mit etwas trockenem Sherry, Salz, Majoran und Cayennepfeffer würzen. Den Bergkäse und Gruyère untermischen.

Die Füllung auf die Wirsingblätter verteilen, diese seitlich einschlagen und einwickeln. Mit etwas Gemüsebouillon in eine feuerfeste Form legen. Im Backofen bei 160 Grad etwa 30 Minuten schmoren.

### Varianten

Petersilienwurzeln, Pastinaken oder Knollensellerie passen auch gut in die Füllung. Die Käse können nach Belieben variiert werden; magere Käse schmelzen weniger schnell und behalten dadurch die Form, was einen guten Biss ergibt.

Für Veganer ersetze ich den Käse durch 2 Esslöffel Lupinensamenmehl; das bindet und macht die Füllung schön sämig.

# MEIN FAVORIT: PAK CHOI MIT KRÄUTERSEITLINGEN

200–300 g Kräuterseitlinge, in dünne Scheiben geschnitten
Sonnenblumenöl
3 Knoblauchzehen, fein gehackt
1 Chilischote, entkernt und klein gehackt, nach Belieben
4–6 Pak Choi
Salz oder Sojasauce
Sesamöl

Ich liebe diesen milden Kohl und verwende ihn gerne, um Verächter dieser Gemüseart eines Besseren zu belehren. Pak Choi ist sehr bekömmlich und leicht verdaulich, zudem sehr zart und wasserhaltig und dadurch auch roh verwendbar. Er ist reich an Vitamin C und B sowie Kalium, Kalzium und Karotin. Ursprünglich aus Asien stammend, wird er in den letzten Jahren auch in ganz Europa angebaut. Pak Choi gilt als einfache und pflegeleichte Kulturpflanze, die im Frühjahr und Herbst am besten gedeiht. Große Hitze mag er nicht besonders, ähnlich wie Mangold oder Spinat.

Die Kräuterseitlinge in etwas Sonnenblumenöl anbraten. Den Knoblauch und, falls verwendet, die Chili dazugeben und mitdünsten. Den Pak Choi der Länge nach klein schneiden, beigeben und ebenfalls kurz anbraten. Mit Salz oder Sojasauce würzen und mit etwas Sesamöl verfeinern.

Mein Tipp

Kurz gebraten oder blanchiert, ist Pak Choi eine wunderbare Gemüsebeilage, Suppeneinlage oder ein vegetarisches Hauptgericht. Er passt gut zu Sobanudeln, Reisnudeln, Reis oder in asiatische Nudelsuppen.

# TIPPS UND TRICKS

Um den intensiven Kohlgeruch in der Küche zu verhindern, sollte Kohl erst am Schluss gesalzen werden.

**Ein Zaubertrick, der Kinder begeistert (und sogar zum Abwaschen animiert):**
Durch Säure färben sich Kohlreste auf dem Teller sattrot, durch Lauge (wie Natron oder Seife) violettblau. Taucht man die von Rotkraut rot gefärbten Teller in Seifenwasser, färbt sich dieses sofort blau, durch die Zugabe von Essig wieder rot.

**Kohlwickel, ein altes Hausmittel:**
Die heilende Wirkung des Kohls bei Haut-, Herz-, Leber- und Gichtleiden kannten schon die Römer. Er wirkt desinfizierend, hilft bei Abszessen und Entzündungen, reguliert die Körpertemperatur bei Fieber oder Unterkühlung.

Die äußeren Blätter von Wirsing oder Weißkohl ablösen und den groben Strunk mit einem Wallholz platt walzen, damit sich die Poren der Saftbahnen öffnen. Über Nacht auf die betroffene Körperstelle auflegen und mit einer elastischen Binde fixieren. Am Morgen die Haut kurz abwaschen und mit Olivenöl einreiben. Das aus dem Körper entzogene »Gift« wird mit den Kohlblättern entsorgt.

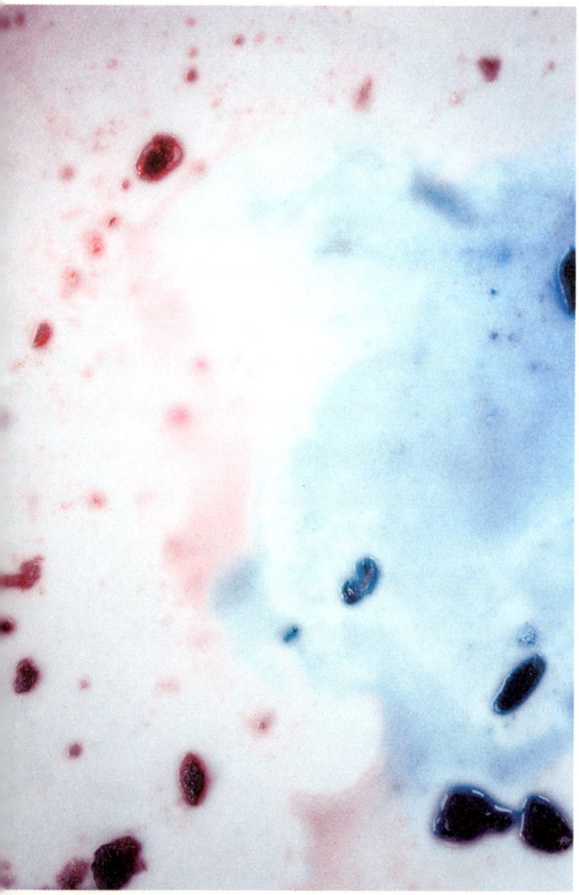

# STRUDEL MIT ZIEGENFRISCHKÄSE UND ROTKRAUT

Für 4 Personen als Hauptgang

**STRUDELTEIG**

300 g Weizenmehl
3–4 EL Öl
1 Prise Salz
ca. 130 ml Wasser
30 g Butter, geschmolzen, oder Öl zum Bestreichen
Mehl zum Bestreuen und für die Arbeitsfläche

**FÜLLUNG**

400–500 g Rotkohl, gut abgetropft
150–200 g Ziegenfrischkäse
schwarzer Pfeffer aus der Mühle

Für den Strudelteig das Mehl mit dem Öl, Salz und Wasser von Hand oder mit der Küchenmaschine verkneten, bis sich der Teig von den Wänden der Schüssel löst. Die Schüssel mit Mehl ausstäuben, die Teigkugel wieder hineinlegen, mit Öl bepinseln und mit Folie abgedeckt 1 Stunde kühl stellen.

Den Teig auf einem mit wenig Mehl bestäubten Küchentuch ausrollen. Von der Mitte aus mit beiden Händen unter die Teigfläche greifen und den Teig vorsichtig hauchdünn auseinanderziehen, dann in Blätter von 20 x 20 cm schneiden.

Jeweils zwei Teigblätter mit flüssiger Butter bepinseln und aufeinanderlegen. Das gut abgetropfte Rotkraut in die Mitte jeder Teigplatte legen und mit zerbröckeltem Ziegenfrischkäse bedecken. Mit frisch gemahlenem schwarzem Pfeffer würzen und den Teig zu kleinen Strudelpäckchen einschlagen. Die Strudel auf einem mit Butter bestrichenen Backpapier auf das Backblech legen und im auf 180 Grad vorgeheizten Backofen etwa 20 Minuten backen. Heiß servieren. Dazu passt eine Rahmsauce mit Mohn oder Baumnuss oder eine Preiselbeersauce.

### Tipp

Die Herstellung des Strudelteiges ist zwar einfach, erfordert aber etwas Geschick. Alternativ kann man auch ein Fertigprodukt verwenden.

# ROTKRAUT

1 Kopf Rotkohl
von ca. 800 g
1 Lorbeerblatt
etwas frischer Majoran
Rotweinessig
50 g Waldbeerenmischung,
frisch oder tiefgekühlt, oder
1 EL Brombeermarmelade
1 Gewürznelke
2–3 Wacholderbeeren
1 Stück Zimtstange
1 Sternanis
1 Zwiebel, fein geschnitten
40 g Butter
Salz, Pfeffer aus der Mühle

Den Rotkohl vierteln und vom Strunk befreien. Mit dem Gemüsehobel oder von Hand in möglichst dünne Streifen schneiden. Den Rotkohl in eine Schüssel geben und mit dem Lorbeerblatt und etwas Majoran würzen, mit Rotweinessig übergießen.

Die Waldbeerenmischung oder die Marmelade dazugeben. Die Gewürze in ein Gewürzsäckchen geben und in die Marinade legen. Den Rotkohl mindestens 1 Tag, besser länger, gekühlt marinieren lassen. Dann in ein Sieb abgießen und die Marinade auffangen.

Die fein geschnittene Zwiebel in etwas Butter andünsten, zusammen mit dem Rotkraut in einen Topf geben und mit der restlichen Marinade und etwas Wasser auffüllen, sodass das Kraut gut bedeckt ist. Etwas salzen und 40–60 Minuten bei kleiner Hitze köcheln lassen. Mit Salz und Pfeffer abschmecken und mit etwas Butter verfeinern.

# DIE ZITRONE

# KENNST DU DAS LAND, WO DIE ZITRONEN BLÜH'N

Italien pur: Wenn ich in Italien nach dem ersten »kurzen«, starken Kaffee eine »Spremuta di limone«, einen frisch gepressten Zitronensaft, trinke, fühle ich mich glücklich und zu Hause angekommen.

Immer wenn ich irgendwo ans Meer komme, kaufe ich mir ein Dutzend Austern und schlürfe sie mit frischem Zitronensaft einfach so fangfrisch, wie sie sind. Und der Rest der Zitrone dient dazu, den fischigen Geruch von den Fingern zu entfernen. Beim Austernessen schwingt natürlich die sagenumwobene Erotik mit. Die ganze Situation und Atmosphäre weckt die Sinne, Körper und Geist. Die salzige Luft einatmen, das Meerwasser im Mund, das Schlürfen der Auster, die den Hals hinab in den Magen rutscht.

Die Meeresnähe hat für mich immer auch etwas Heilendes und Beglückendes. Darum liebe ich auch Inseln ganz besonders (und durfte mich glücklich schätzen, vier Jahre auf Long Island zu leben).

Die Zitrone spielt in der Gastronomie oft eine etwas unrühmliche Rolle: Wie der obligate Tomatenschnitz mit krauser Petersilie ist sie vielerorts zur sinnentleerten Dekoration verkommen. Richtig eingesetzt, dienen Garnituren der Verfeinerung oder Vollendung eines Gerichts: Frisches Grün kann durch seinen Eigengeschmack Speisen aufpeppen. Gehackte Petersilie oder feine Schnittlauchröllchen, Korianderblätter oder Dillspitzen geben den ultimativen Kick und geben dazu auch optisch etwas her. Knusprige Zwiebelringe oder gerösteter Knoblauch tun dasselbe.

# MAROKKANISCHES HUHN

400 g Kichererbsen, über Nacht in Wasser eingeweicht
1 ganzes Huhn
Salz, Pfeffer aus der Mühle
Olivenöl zum Braten
4 rote Zwiebeln, in Ringe geschnitten
2–3 unbehandelte Zitronen, abgeriebene Schale und Saft
3–4 Knoblauchzehen, fein gehackt
1 TL Fenchelsamen
1 Kardamomkapsel
2 Lorbeerblätter
reichlich frischer Rosmarin
400 ml Gemüsebouillon
Harissa
Safran

Die über Nacht eingeweichten Kichererbsen in frischem Wasser etwa 20 Minuten weich kochen, abgießen und abtropfen lassen.

Das Huhn in acht Teile schneiden, mit Salz und Pfeffer würzen und in Olivenöl heiß anbraten.

In einem Schmortopf in reichlich Olivenöl die Zwiebelringe, die abgeriebene Zitronenschale, Knoblauch, Fenchelsamen und Kardamom gut andünsten. Das Huhn, die Kichererbsen, Lorbeerblätter und Rosmarin dazugeben und gut anbraten. Mit der Gemüsebouillon bedecken und mit etwas Harissa würzen. Zugedeckt 30 Minuten schmoren lassen. Mit Salz und Pfeffer und zum Schluss mit Safran und Zitronensaft abschmecken.

### Mein Tipp

Das Huhn kann auch ein Suppenhuhn sein, dieses muss dann einfach 1 Stunde länger geschmort werden.

### Varianten

Zusätzlich einige Kartoffelwürfel dazugeben oder die Kichererbsen ganz durch Kartoffelwürfel ersetzen. Auch Estragon, wenig Minze, Ingwer, Orangen und Bergamotte passen gut zu dem Gericht.

Ebenso herrlich als veganes Gericht; dazu nehme ich Staudensellerie, Rettich und/oder Zucchini anstelle des Huhns.

# RINDFLEISCH IN ZITRONENSAFT »GEGART«

250–300 g Rindfleisch, Stück nach Wahl
2 unbehandelte Zitronen
1 Zweig Rosmarin, gehackt
2–3 Knoblauchzehen, fein gehackt
etwas rote Peperoncini, in feine Streifen geschnitten
Olivenöl
grobes Meersalz

Herrlich auf Sommerbuffets, zu Salaten oder als Vorspeise.

Das Fleisch sehr dünn aufschneiden, in ein flaches Gefäß legen und mit der abgeriebenen Schale einer Zitrone, frisch gehacktem Rosmarin, Knoblauch und feinen Peperoncinistreifen marinieren. Mit dem Saft der beiden Zitronen bedecken und so mindestens 2 Stunden ziehen lassen; dabei denaturiert das Eiweiß, das Fleisch verfärbt sich und sieht wie gebraten aus. Mit Olivenöl beträufelt und mit grobem Meersalz bestreut anrichten.

Tipp

Es ist wichtig, für dieses Rezept frisches Fleisch zu verwenden, es sollte nicht gefroren und wieder aufgetaut sein.

# PASTA RIMINI

Ein belebendes Gericht für heiße Sommertage, einfach, aber überraschend.

300–400 g Hartweizenpasta (z. B. Fusilli oder Cavatelli)
Salz
Olivenöl
3 Knoblauchzehen, in Scheiben geschnitten
2–3 EL Pinienkerne
1 unbehandelte Zitrone, abgeriebene Schale und Saft
400 ml Tomatensauce, vorgekocht, kalt
reichlich frisches Basilikum, fein geschnitten
4–6 Minzeblätter, fein geschnitten

Die Pasta in Salzwasser al dente kochen, abgießen und abtropfen lassen.

In einer Bratpfanne Olivenöl erwärmen und darin die Knoblauchscheiben, Pinienkerne und Zitronenschale anrösten. Diese Mischung zur Tomatensauce geben. Mit fein geschnittenem Basilikum, Minze und Zitronensaft mischen. Die kalte Sauce zu der heißen Pasta reichen.

Tipp

Dieses Gericht ist vegan, könnte aber nach Belieben mit Parmesan bestreut werden. Ich persönlich jedoch finde Käse dazu überflüssig.

Variante

Frischer Koriander, Kapern oder Sardellenfilet passen auch gut.

# KALTES KOHLRABI-ZITRONEN-SÜPPCHEN

Sonnenblumenöl
1 Zwiebel, klein geschnitten
1–2 Kohlrabi, geschält
etwas Noilly Prat
(trockener Wermut)
500 ml Gemüsebouillon
200 g mehligkochende
Kartoffeln,
in Würfel geschnitten
1 unbehandelte Zitrone,
abgeriebene Schale und Saft
rosa Pfeffer, zerstoßen
Kapern, klein gehackt
Kerbel, Thymian,
wenig Estragon, fein gehackt
180 g Naturjoghurt
Pfeffer aus der Mühle

In einem Topf etwas Sonnenblumenöl erwärmen und die Zwiebel darin andünsten. Drei Viertel des Kohlrabi in Würfel schneiden, dazugeben und mitdünsten. Mit Noilly Prat und Bouillon ablöschen. Die Kartoffelwürfel dazugeben und alles 20 Minuten zugedeckt kochen lassen. Pürieren und kalt stellen.

Zitronenschale und -saft, rosa Pfeffer, Kapern und die fein gehackten Kräuter unter die kalte Suppe mischen. Den restlichen Kohlrabi raspeln und zusammen mit dem Joghurt dazugeben. Mit Salz und Pfeffer abschmecken.

### Vegane Version

Anstelle des Joghurts etwas mehr Kartoffeln oder 3 Esslöffel Lupinenmehl dazugeben, um dieselbe Sämigkeit zu erreichen.

# ZITRONEN-FENCHEL-SALAT MIT DATTELN

2–3 Fenchelknollen
2 unbehandelte Zitronen,
abgeriebene Schale und Saft
Meersalz
getrockneter oder
geschroteter Chili
6 Datteln, entsteint,
in Streifen geschnitten
Dill, fein gezupft
Olivenöl

Den Fenchel nach Belieben schälen. Der Länge nach halbieren und den Strunk herausschneiden. Mit einem Gemüsehobel oder Messer längs in 2–3 mm dünne Schnitze schneiden. In eine Schüssel geben und mit Zitronenschale und -saft marinieren. Etwas Meersalz und Chili dazugeben und den Fenchel 1–2 Stunden ziehen lassen, bis er etwas weich geworden ist.

Dattelstreifen, Dill und Olivenöl dazugeben und nochmals abschmecken.

### Varianten

Die Zitronen können wunderbar durch Orangen oder rosa Grapefruits ersetzt oder auch ergänzt werden.

Etwas Estragon und Schabzigerklee geben dem Salat eine besondere Note.

# ZITRONENSAUCE

Zu Pasta, Gemüse,
Fisch- oder Fleischspeisen

20 g Butter
2 Schalotten,
fein geschnitten
1 Zweig Thymian,
Blättchen abgezupft
1 unbehandelte Zitrone,
abgeriebene Schale und Saft
1 TL Reismehl
1 EL Noilly Prat
(trockener Wermut)
300 ml Kalbs- oder
Fischfond, ersatzweise
Gemüsebouillon
(für Vegetarier)
100 ml Vollrahm
Salz, Cayennepfeffer

In einer Sauteuse die Butter erwärmen. Darin die fein geschnittenen Schalotten mit den Thymianblättern und der Zitronenschale andünsten. Mit dem Reismehl bestreuen und mit Noilly Prat und Fond beziehungsweise Bouillon ablöschen. 10 Minuten köcheln lassen, dann den Zitronensaft und den Rahm beigeben. Mit Salz und Cayennepfeffer würzen und 5 Minuten, ohne zu kochen, bei kleiner Hitze ziehen lassen.

Varianten

Wahlweise kann die Sauce auch mit Estragon, Pistazien, Korianderblättern, Schnittlauch oder Kapern aromatisiert werden.

# ZITRONEN-PIE

Für ein rundes Kuchenblech von 24 cm Durchmesser

### TEIG

150 g Weizenmehl
½ Vanilleschote, ausgekratztes Mark
1 unbehandelte Zitrone, abgeriebene Schale
125 g Butter oder Margarine
¼ TL Salz
20 g Zucker

### FÜLLUNG

6–7 unbehandelte Zitronen
10 g Butter
150 g Zucker
300 ml Wasser
50 g Reismehl oder Maisstärke
2 Eier
1 Vanilleschote

Für den Teig das Mehl mit Vanillemark und etwas abgeriebener Zitronenschale, der Butter oder Margarine, Salz und Zucker in eine Schüssel geben. 2 Esslöffel kaltes Wasser dazugeben und alles schnell zu einem Teig kneten. 20 Minuten kalt stellen. Die Backform mit Backpapier auskleiden. Den Teig darin verteilen und gut am Boden und den Rändern andrücken.

Für die Füllung die Zitronen heiß abwaschen und trocknen. 2 Zitronen in Scheiben schneiden. Von 3 Zitronen die Schale abreiben und dann zusammen mit den restlichen Zitronen auspressen; es soll 200 ml Saft ergeben.

Den Teigboden mit den Zitronenscheiben belegen und diese mit 20 g Zucker bestreuen. Im auf 200 Grad vorgeheizten Backofen vorbacken, bis die Zitronen schön karamellisiert sind. Herausnehmen, die Zitronenscheiben entfernen und als Garnitur beiseitelegen.

Die Butter, die abgeriebene Zitronenschale, den Zucker und das Wasser aufkochen. Das Reismehl in den 200 ml Zitronensaft auflösen, dazugeben und einrühren. Nochmals aufkochen, bis die Masse etwas bindet. Vom Herd nehmen.

Die Eier trennen. Das Eigelb unter die Zitronenmasse ziehen. 20 Minuten kalt stellen. Das Eiweiß steif schlagen und vorsichtig unter die Zitronenmasse heben. Die Zitronenmasse auf dem vorgebackenen Mürbeteigboden verteilen und im auf 180 Grad vorgeheizten Backofen 5–10 Minuten goldbraun backen. Den noch heißen Pie mit den beiseitegelegten Zitronenscheiben garnieren. Auskühlen lassen und in kleinen Portionen servieren.

**Tipp**

Wer Zeit sparen möchte, kann auch einen fertig gekauften süßen Mürbeteig (250 g) verwenden.

# ZITRONEN-CHUTNEY

Oft haben wir einen Überschuss an Zitronen. Die beiden folgenden Rezepte sind eine gute Verwertung und ein haltbarer Vorrat. In dekorativen Gläsern überreicht, sind sie zudem schöne, kleine persönliche Geschenke.

Für ein Einmachglas von 250 ml Inhalt

6 unbehandelte Zitronen
Öl zum Braten
Fenchelsamen, Senfsamen, Koriandersamen
1 Zwiebel, in feine Scheiben geschnitten
2 Knoblauchzehen, fein gehackt
Ingwer, fein gehackt
getrockneter oder geschroteter Chili
50–80 g Zucker
100 ml Reisessig
etwas Salz
1 TL Thymianblättchen
3–4 Estragonblätter

Die Zitronen waschen und abtrocknen, dann die Schale in dekorativen Spiralen großzügig bis auf das Fruchtfleisch wegschneiden. Das Fruchtfleisch mit einem Messer aus den Trennhäutchen schneiden und in ein heiß ausgekochtes Einmachglas geben.

In einer Pfanne wenig Öl erhitzen und die Samen darin leicht anrösten, aber nicht dunkel werden lassen, denn sonst werden sie bitter. Die Zwiebelscheiben dazugeben und andünsten. Knoblauch, Ingwer, Chili, Zucker und die Zitronenschale dazugeben. Mit dem Reisessig ablöschen und 5 Minuten köcheln lassen. Mit etwas Salz würzen, Thymianblättchen und Estragon hinzufügen.

Die Zitronenfilets im Glas mit dem heißen Sud übergießen und verschließen.

# ZITRONEN-MASCARPONE

Einfach herrlich, weil schnell und mit wenigen Zutaten zubereitet.

500 g Mascarpone
1–2 unbehandelte Zitronen, abgeriebene Schale und Saft
50 g Puderzucker

Den Mascarpone in eine Schüssel geben und mit der Zitronenschale vermengen.

Den Puderzucker mit dem Zitronensaft mischen und 10 Minuten stehen lassen. Den Zuckersaft langsam in den Mascarpone einarbeiten. 2 Stunden kühl stellen.

**Variante**

Den Zitronen-Mascarpone mit Melisse oder Minze aromatisieren.

# EINGELEGTE ZITRONEN

Für ein Einmachglas
von 250 ml Inhalt

3 kleine dünnschalige
unbehandelte Zitronen
80 g Meersalz
100–150 ml Zitronensaft

Wunderbar zu Tajines oder als sommerliche Pickles zu Fleisch und Gemüse. Gekühlt 6 Monate haltbar.

Die Zitronen waschen und abtrocknen. Oben und unten wenig abschneiden, dann die Zitronen längs jeweils in sechs Schnitze schneiden. Mit dem Salz vermischen und in das heiß ausgekochte Einmachglas schichten. Mit dem Zitronensaft übergießen, das Glas gut verschließen und vorsichtig schütteln.

1 Woche bei Zimmertemperatur lagern und jeden Tag einmal gut durchschütteln. Dabei darauf achten, dass die Zitronen immer gut mit Saft bedeckt sind, sonst noch zusätzlich Zitronensaft dazugeben.

Nach 4–6 Wochen sind die Schalen weich und somit verzehrfertig. Kurz abspülen und die Kerne entfernen. Im Kühlschrank lagern oder mit Olivenöl bedecken.

# DER FISCH

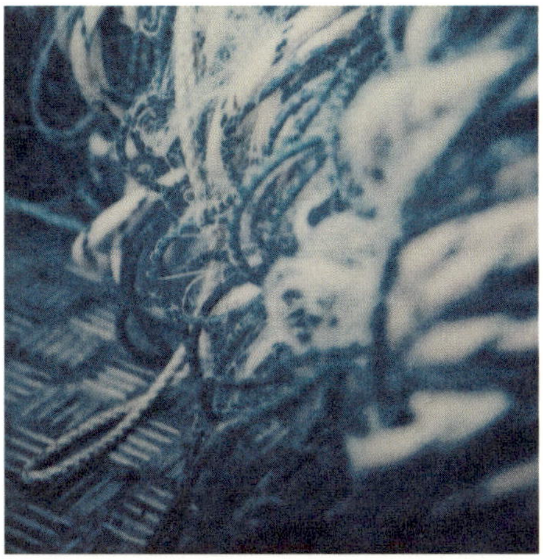

# DER SCHATZ UNSERER FLÜSSE UND SEEN

Freitag ist Fischtag, eine Tradition, die aus religiösen Gründen entstanden ist, in der heutigen Zeit aber an Bedeutung verloren hat. Doch in den Restaurants hält sich der Brauch vielfach noch. In Hungerzeiten erklärte die katholische Kirche den lästigen und vielerorts überhandnehmenden Fischotter kurzerhand zum Fisch. So landete dieser in der Fastenzeit auf dem Teller, und die Population wurde stark dezimiert. Noch absurder tönt eine alte griechische Interpretation, die den Verzehr von ungeborenen Lämmern erlaubte; weil diese im Fruchtwasser schwimmen und in dieser Hinsicht den Fischen glichen, wurden sie kurzerhand zum Verzehr an den an sich fleischfreien Tagen freigegeben.

Außer mal Pulpo, Muscheln, Sardellen und Sardinen koche ich meist mit heimischen Süßwasserfischen. In unseren Seen schwimmt eine herrliche Auswahl ganz unterschiedlicher Arten.

In der Gastronomie gibt es Garnituren, die als reiner Dekor dienen, zum Gericht aber eigentlich kulinarisch keinen Sinn ergeben und vom Gast auch sofort beiseitegelegt werden. So wird zu Fisch manchmal eine dünne Scheibe Zitrone, und diese gerne noch verspielt verdreht, serviert. Damit hat der Gast aber beim Ausdrücken mehr Saft an den Fingern als auf dem Fisch. Die gewünschte Extrasäure geht verloren. Ich serviere immer nur in Viertel oder Sechstel geschnittene Zitronenschnitze. So lässt sich der ganze Saft über das Gericht drücken, und dies dazu mit trockenen Fingern.

Zwei Kriterien spielen heute bei der kulinarischen Beurteilung von Gerichten eine wichtige Rolle: Knusprigkeit und Säure muss jedes Gericht enthalten. Fisch wird knusprig, wenn er in Reismehl gewendet wird. Die Säure kommt von der Zitrone, die besonders gut mit dem Fisch harmoniert.

Fischen ist nach wie vor hauptsächlich Männersache. Das hat zum einen vermutlich mit dem Jagdtrieb zu tun, zum anderen bietet es vielen Männern wohl auch willkommene Erholung beim ruhigen, besinnlichen Herumsitzen. Eine Art »Meditation«, die man aber niemandem erklären muss – man fischt eben.

Auch wenn der Hecht wegen seiner vielen feinen Gräten nicht zu den bevorzugten Tafelfischen zählt, gilt er unter Fischern doch als beliebte Trophäe. Wer fischt, muss auch ein Foto von sich haben, stolz einen Prachtskerl von Hecht präsentierend.

»Küchenschrank-Ramadan« nenne ich eine Angewohnheit, die ich von einem Freund übernommen habe. Der Sinn dieser besonderen Fastenzeit ist, alle Vorräte, die in der Küche lagern, zu verwerten, so lange, bis die Regale leer sind. Das Vorhandene bestimmt das Menü, eingekauft wird nur das Nötigste oder Frischware. Ich bin immer wieder erstaunt, wie lange die Vorräte reichen, und freue mich, dass nichts unverwertet bleibt. Das bewirkt ein wunderbar reinigendes Gefühl und sorgt zudem für eine gute Bilanz in der Haushaltskasse.

SZ 261

# HECHT BLAU MIT RADIESCHENSAUCE

1 ganzer fangfrischer Hecht (1,2–1,5 kg), küchenfertig
1 Stange Lauch, in grobe Stücke geschnitten
je 3 Zweige Dill und Petersilie
2 Lorbeerblätter
2 Gewürznelken
10 schwarze Pfefferkörner
1 unbehandelte Zitrone, abgeriebene Schale
500 ml Weißweinessig
Salz

**RADIESCHENSAUCE**

30 g Butter
1 Zwiebel, fein gehackt
1 Zweig Thymian, Blättchen abgezupft
1 unbehandelte Zitrone, abgeriebene Schale und Saft
1–2 Bund Radieschen, in feine Scheiben geschnitten
Noilly Prat (trockener Wermut)
Salz, Pfeffer aus der Mühle
½ Bund Schnittlauch, in Röllchen geschnitten

Den Fisch gut abspülen. In einem großen Topf 3 Liter Wasser aufsetzen. Lauch, Kräuter, Gewürze und die Zitronenschale dazugeben, aufkochen und 20 Minuten kochen lassen. Den Essig und Salz hinzufügen und den Sud nur noch am Siedepunkt warm halten. Den Hecht in den siedenden Sud geben und 10 Minuten darin garen.

Für die Sauce die Butter in einer Sauteuse erwärmen und die fein gehackte Zwiebel darin andünsten. Den Thymian und etwas abgeriebene Zitronenschale zugeben. Die Radieschenscheiben darin andünsten und mit etwas Noilly Prat ablöschen. Etwas vom Fischsud beigeben und alles mit Salz und Pfeffer würzen. Zum Schluss den Zitronensaft und den Schnittlauch hinzufügen.

Den Fisch mit einer Lochkelle vorsichtig aus dem Sud heben und mit der Radieschensauce servieren. Dazu passen Salzkartoffeln, gebratene Kartoffeln und Reis.

Tipps

Den Fischsud unbedingt aufbewahren, er ist eine gute Basis für Fischfond oder Sülze.

Die Radieschensauce passt auch wunderbar zu jeder anderen Fischart oder zu Gemüsegerichten.

# HECHTSÜLZE

**Eine gute Resteverwertung von im Sud gegartem Fisch. Daher lohnt es sich, gleich einen größeren Fisch zu kaufen. Die Fischsülze ist gekühlt bis zu 4 Tage haltbar.**

Für eine Terrinen- oder Pastetenform von 1 Liter Inhalt

200–300 g gegarter Hecht (Rezept Seite 210)
50 g gemischtes Gemüse, in kleine Würfelchen geschnitten
1 Frühlingszwiebel, klein geschnitten
etwas Schnittlauch und Dill, fein gehackt
400–500 ml reduzierter Fischfond (Rezept Seite 214)

Den gegarten Hecht mit einer Gabel etwas zerdrücken und etwaige Gräten entfernen. Die Gemüsewürfelchen mit dem Fisch in die Form geben. Mit der klein geschnittenen Frühlingszwiebel sowie gehacktem Schnittlauch und Dill bestreuen und die Form mit dem reduzierten Fischfond auffüllen. Mindestens 4 Stunden kühl stellen. Ist die Sülze fest geworden, stürzen und aufschneiden.

Die Sülze passt gut als Vorspeise zusammen mit Portulak, Kresse, Brunnenkresse oder Fenchelsalat.

# FISCHFOND

1 Stange Lauch, in grobe Stücke geschnitten
2 Zwiebeln, in grobe Stücke geschnitten
1 unbehandelte Zitrone, abgeriebene Schale und Saft
je 1 Zweig Dill und Thymian
1 Lorbeerblatt
einige Stängel Petersilie
200 ml Weißwein
10 Pfefferkörner
Salz
300–500 g Fischreste (Köpfe, Haut, Flossen, Gräten)

**Die Grundlage für herrliche Fischsaucen. Dafür verwendet man den vom »Blaukochen« zurückbleibenden Fischsud. Natürlich kann man auch einen frischen Sud ansetzen aus Fischgräten, Haut und Köpfen, die beim Fischhändler günstig erhältlich sind.**

In einem großen Topf 3 Liter Wasser aufsetzen. Alle Zutaten in den Topf geben und 1–2 Stunden kochen lassen, bis der Fond zu gelieren beginnt. Absieben und portionsweise einfrieren. Oder in Gläser abfüllen und sterilisieren. Im Glas im Kühlschrank 2 Wochen haltbar.

# GERÄUCHERTE FELCHENMOUSSE

100 g geräucherte Felchen
200 g Sauerrahm (saure Sahne)
einige Zweige Dill und Thymian, klein gehackt
1/2 EL fein geriebener Meerrettich
rosa Pfeffer, zerstoßen
1 unbehandelte Zitrone, abgeriebene Schale
Salz, Pfeffer aus der Mühle

**Eine luftige Vorspeise, auf Salaten oder Crostini.**

Die Felchen mit einer Gabel zerdrücken und mit dem Sauerrahm in eine Schüssel geben. Die fein zerkleinerten Kräuter, Meerrettich, rosa Pfeffer und etwas abgeriebene Zitronenschale unterziehen. Mit wenig Salz und Pfeffer abschmecken, denn im Sauerrahm entfalten sich Gewürze und Aromen verzögert. Vor dem Servieren 2 Stunden im Kühlschrank ruhen lassen.

### Variante

Anstelle der Felchen kann man jede Art von geräuchertem Fisch verwenden, ich bevorzuge heimische Süßwasserfische.

# SARDINEN IN ZITRONE

**Eine einfache, aber raffinierte sommerliche Vorspeise.**

4 unbehandelte Zitronen
1 Dose Sardinenfilets (100–150 g)
1 Zwiebel, fein geschnitten
Kapern, gehackt
Dill und Thymian, fein gehackt
Olivenöl
Pfeffer aus der Mühle, Salz

Die Zitronen gut waschen, abtrocknen und das obere Drittel mit einem gezackten Schnitt wegschneiden oder die Zitronen einfach halbieren. Unten ein wenig anschneiden, damit die Zitronen gerade auf dem Teller stehen. Den Saft auspressen, ohne die Zitronen zu beschädigen.

Die Sardinenfilets gründlich mit dem Zitronensaft vermischen und mit einer Gabel zerdrücken. Fein geschnittene Zwiebel, Kapern, Dill und Thymian untermischen. Mit Olivenöl verfeinern, gut mit Pfeffer würzen und mit wenig Salz abschmecken. Die Masse in die ausgehöhlten Zitronen füllen.

# GRAVED SAIBLING AUF LAUCHGEMÜSE

### FISCH
2–3 Saiblingsfilets mit Haut
70 g Meersalz
50 g Zucker
1 unbehandelte Zitrone, abgeriebene Schale und Saft
1 Zweig Thymian
1 Bund Dill
1 TL rosa Pfeffer
10 Senfkörner
1 EL Pastis

### LAUCHGEMÜSE
1 Stange Lauch
Olivenöl
etwas Thymian, Blättchen abgezupft
50 ml Weißwein
1 Zitrone, Saft

**Lebensmittel zu konservieren, war früher wichtig, um zu überleben. Daraus sind unter anderem auch herrliche Fischzubereitungen entstanden. Geräucherte, gesalzene oder getrocknete, gebeizte (»graved«) und in Essig eingelegte Fische sind tolle Kochzutaten und sehr beliebt. Was wären die Festtage ohne den geräucherten Lachs, ein Kater ohne einen Rollmops oder die portugiesische Küche ohne den Bacalhau?**

Den Saibling waschen, trocken tupfen und, wenn nötig, sauber entgräten. Das Salz und den Zucker gut mischen und mit Zitronenschale, Thymian und Dill vermengen. Den rosa Pfeffer, die Senfkörner und den Pastis zugeben und alles gut vermischen.

Den Boden einer flachen Form mit der Würzmischung gerade eben bedecken. Das Filet mit der Haut nach unten darauflegen und mit der restlichen Würzmischung bedecken. 12 Stunden kalt stellen. Anschließend die Filets mit dem ausgetretenen Saft übergießen. Wieder abdecken und erneut 12 Stunden kalt stellen.

Die Marinade unter kaltem Wasser gut abspülen und den Fisch sofort trocken tupfen. Mit einem scharfen Messer in dünne Scheiben schneiden. Der so gebeizte Fisch ist gekühlt gut 14 Tage haltbar.

Für das Gemüse den Lauch in dünne, 5 cm lange feine Streifen schneiden. In Olivenöl andünsten. Den Thymian dazugeben und alles mit Weißwein und Zitronensaft ablöschen. Das Lauchgemüse mit dem Graved Saibling auf Toast oder als Pastasauce servieren.

Tipp
Wird eine ganze Lachshälfte von etwa 1 kg auf dieselbe Weise zubereitet, verlängert sich die Marinierzeit auf 36 Stunden.

# PORTUGIESISCHES OMELETT

200 g Zander- oder Felchenfilet
1 große Zwiebel, fein geschnitten
Salz
3–4 Eier
1 Bund krause Petersilie, fein geschnitten
Salz, Pfeffer aus der Mühle, scharfes Paprikapulver
etwas Olivenöl zum Braten

**Eine tolle Art, Fisch zuzubereiten oder Fischreste zu verwerten. Passt auf Sandwiches, auf Salate oder zu Spinat.**

Den Fisch und die fein geschnittene Zwiebel in kochendem Salzwasser kurz blanchieren, dann absieben. Die Eier in eine Schüssel aufschlagen und mit dem Fisch und den Zwiebelwürfeln vermengen. Die fein geschnittene Petersilie unterziehen. Mit Salz, Pfeffer und Paprikapulver würzen. Die Eiermasse in erhitztem Olivenöl in einer Bratpfanne stocken lassen.

**Variante**

Natürlich kann auch jeder beliebige Meeresfisch für dieses Rezept verwendet werden, beispielsweise Dorsch und Heilbutt.

# FELCHENLEBER

**Eine rare Delikatesse – selten beim Fischhändler erhältlich, aber wenn, dann unbedingt zugreifen! Fischleber ist im Vergleich zu Foie gras viel feiner im Geschmack und zarter. Als etwas ganz Besonderes gilt die Leber der Trüsche, auch Rutte oder Quappe genannt. In Deutschland ist der Fisch in vielen Gewässern geschützt.**

20 g Butter
3 Salbeiblätter, in schmale Streifen geschnitten
1 Schalotte, fein geschnitten
12 Felchenlebern
Salz, Pfeffer aus der Mühle

Die Butter in einer Bratpfanne erwärmen und den Salbei darin anbraten. Die fein geschnittene Schalotte zugeben und mit andünsten. Die Lebern in die Pfanne geben und 1–2 Minuten darin wenden. Mit Salz und Pfeffer würzen. Wunderbar als Vorspeise auf Salat oder auf Toast.

# POLNISCHES CEVICHE

200–300 g Zanderfilet
100 ml Apfelessig
1 Rote Bete (Rande), fein geschnitten
1 Zwiebel, fein geschnitten
etwas Meerrettich, fein gerieben
etwas Dill, fein geschnitten
Salz, Pfeffer aus der Mühle
3 EL Rapsöl

**Eine freie Interpretation von mir und zugleich eine Fusion der Küchen Polens und Perus.**

Den Zander in mundgerechte Stücke schneiden und im Essig 4–12 Stunden einlegen. (Diesen Prozess nennt man Denaturierung oder Kaltgaren: Die Säure verwandelt das Fischeiweiß, ähnlich wie dies beim Garen geschieht.)

Die fein geschnittene Rote Bete und Zwiebel mit Meerrettich, Dill, Salz, Pfeffer und Rapsöl mischen. Den Fisch unter die Meerrettich-Zwiebel-Mischung heben und abschmecken.

### Varianten

Anstelle des Zanders kann man auch jeden anderen fangfrischen Fisch verwenden.

Mit Staudensellerie, Äpfeln und Fenchel lässt sich das Gericht erweitern.

# EGLIFILETS MIT FRISCHEN KRÄUTERN GEBRATEN

Im Restaurant Exer in Zürich, meiner ersten Stelle als Koch, war dieses Gericht der große Renner. Einfach und frisch, wie Fischspeisen sein müssen.

60 g Butter
1 unbehandelte Zitrone, abgeriebene Schale
etwas Thymian, Blättchen abgezupft
2 Schalotten, fein geschnitten
3 EL Noilly Prat (trockener Wermut)
50 ml Fischfond
Salz, Pfeffer aus der Mühle
viel Schnittlauch und krause Petersilie, etwas Dill und Kerbel, alles fein gehackt
500–600 g Eglifilets ohne Haut (ca. 28 Stück)
etwas Reismehl

30 g Butter in einer Sauteuse erwärmen. Wenig abgeriebene Zitronenschale, die Thymianblättchen und die fein geschnittenen Schalotten darin andünsten. Mit dem Noilly Prat und dem Fischfond ablöschen und etwas einkochen. Mit Salz und Pfeffer abschmecken. Die restlichen Kräuter kurz vor dem Anrichten darunterziehen.

Die Eglifilets salzen, pfeffern und in Reismehl wenden. In den restlichen 30 g Butter beidseitig anbraten und zusammen mit der Kräutersauce servieren.

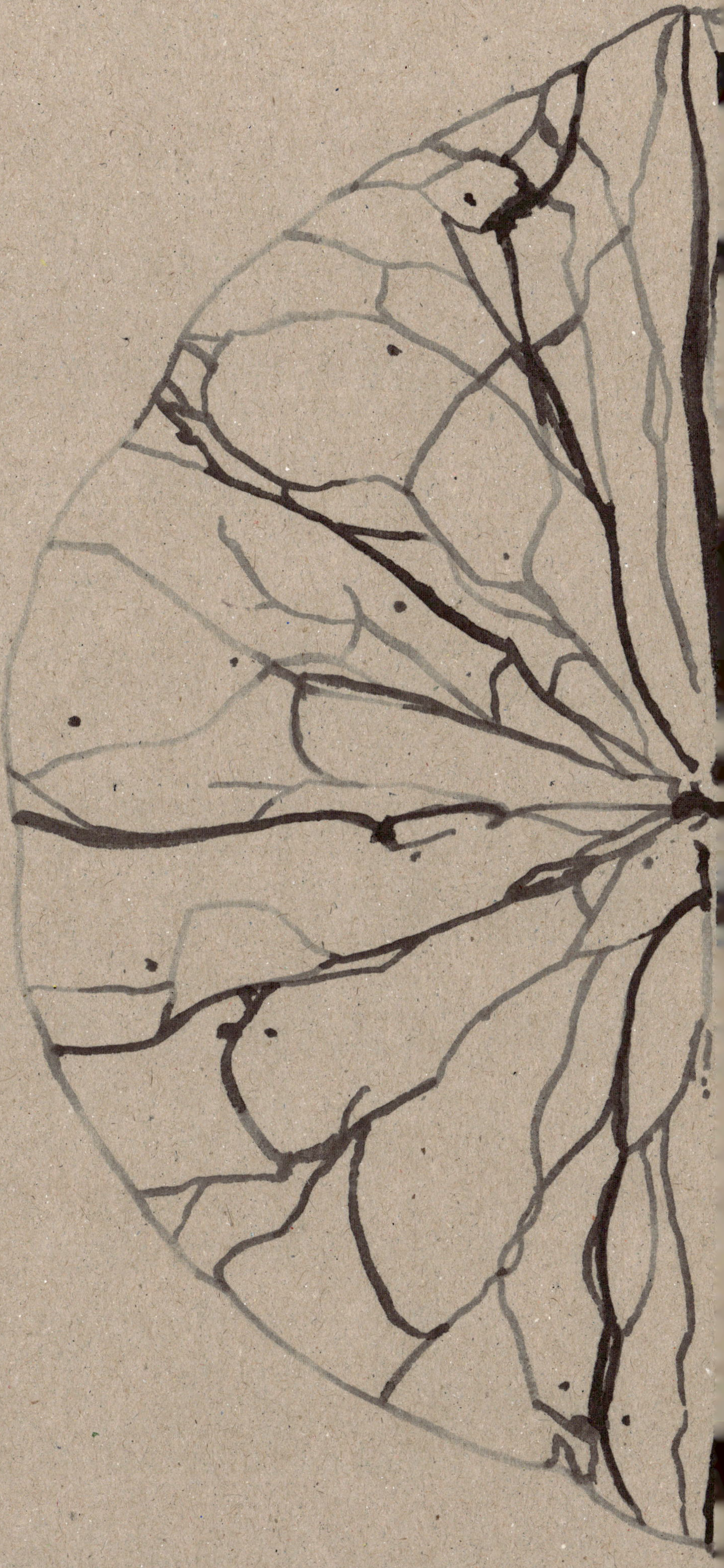

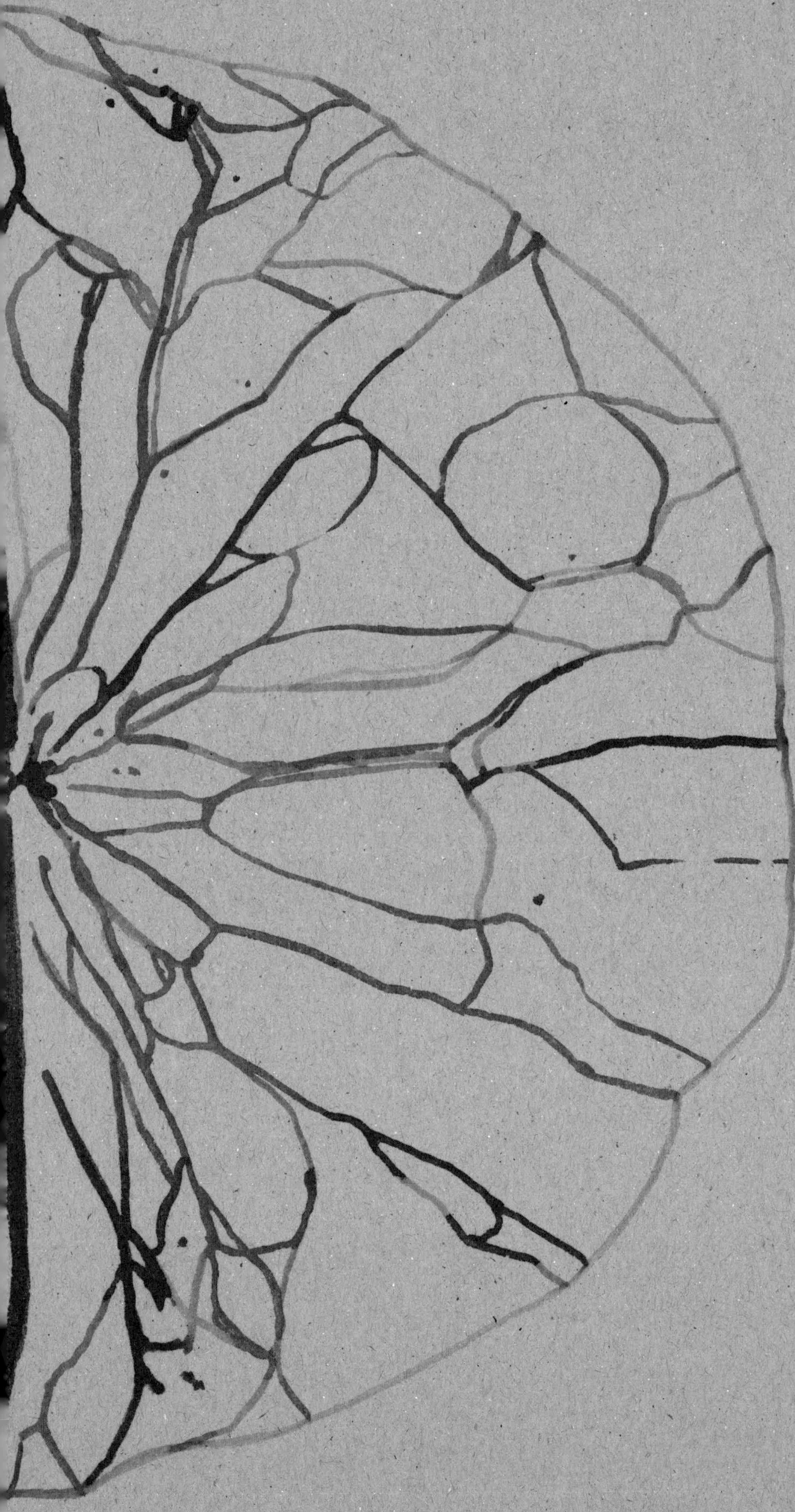

# DIE BAUMNUSS

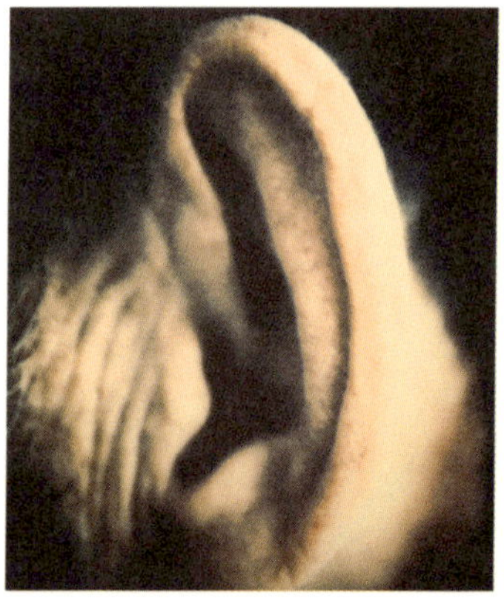

# EIN MAJESTÄTISCHER BAUM MIT KOSTBARER FRUCHT

Mensch und Baum stehen seit jeher in enger Beziehung. Der Walnussbaum ist von majestätischer Gestalt und nicht umsonst in vielen Kulturen von großer Bedeutung. Der Mensch nutzte schon immer seine Früchte und sein begehrtes edles und langlebiges Holz – so wanderte der Baum auch mit ihm um den Erdball. Einem Nussbaum zollt man Respekt, Ähnliches kennen wir von der Linde.

Die braunen Finger, die man vom Schälen der Nüsse bekommt, faszinierten mich als Kind. Ich liebte es, im Herbst die Nüsse zu sammeln und aus der grünen Schale zu lösen. Als Kind war ich immer eher bleich und hatte Sommersprossen, wurde deshalb gehänselt und litt darunter. Als ich in einem Magazin sah, dass Walnüsse als Anti-Sommersprossencreme angepriesen wurden, rieb ich mir beim Nüssesammeln mit den grünen Schalen die ganzen Unterarme ein. Stolz bewunderte ich meinen goldbraunen Teint, der meine Sommersprossen kaschierte. Zu Hause allerdings hatte ich Mühe, zu erklären, wieso ich mir beim Nüsseschälen die Arme verschmiert hatte, und ich schämte mich, mein kosmetisches Experiment zu verraten. Die Gerbsäure der grünen Walnuss diente übrigens auch manchem betfaulen Muslim dazu, sich den angeblich vom vielen Verbeugen herrührenden braunen Punkt auf die Stirn zu zeichnen.

Mein Baumnussöl beziehe ich aus der Dordogne, von Bauer Sousou in Carmensac-Bas, Meyrals. Der Clown und Geschichtenerzähler Ueli Bichsel, der im selben Ort ein Haus besitzt, schwärmte einmal von einem wunderbaren Nussöl und brachte mir eine Flasche davon mit. Bereits die goldene Farbe war überzeugend, und der Duft entfaltete ein üppiges Walnussaroma.

Dieses Öl entsteht in Handarbeit. Mit einem Sack Nüsse am Feuer vor dem Kamin sitzend, spalten die beiden alten Bauersleute mit einem Hämmerchen die Nüsse, entnehmen sorgsam die intakten Nusshälften, entfernen die leicht bittere Haut und geben die Nusskerne in eine Kiste. Mit dieser meditativen Tätigkeit verbringen sie die kalten Herbst- und Winterabende. Aus dem mit so viel Liebe und Zuneigung gewonnenen Rohstoff wird schließlich das Öl gepresst. Auch wenn Ueli zweifellos ein gewiefter Erzähler ist, sehe ich nun immer, wenn ich das Baumnussöl in der Küche verwende, das Bauernpaar vor dem Kamin sitzen, empfinde Ehrfurcht und genieße andächtig das nussig-feine Öl.

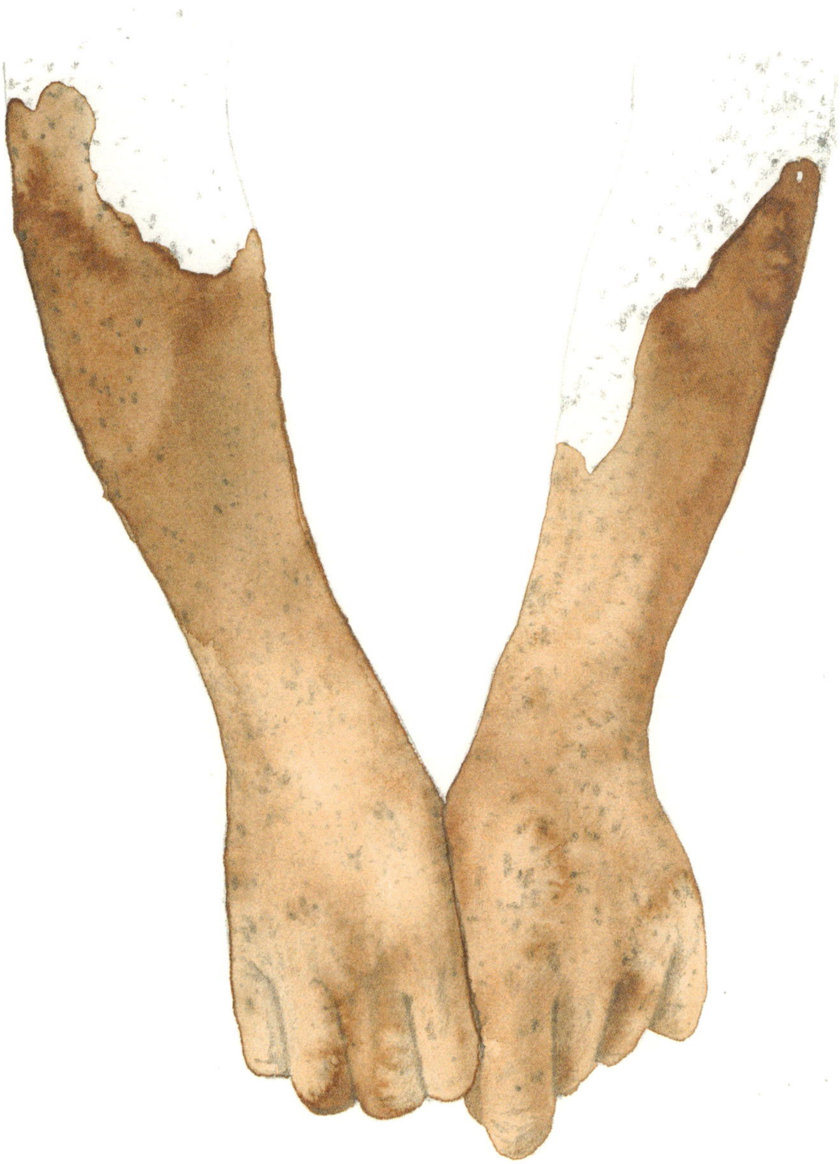

# NUSS PUR

**Was wäre eine Käseplatte ohne Walnüsse? Ich liebe sie ganz pur, einfach in der Schale dazu gereicht. Denn die Natur hat eine raffinierte Verpackung geschaffen, um die Nuss zu schützen und frisch zu halten. Gekaufte geschälte Nusshälften riechen oft leicht muffig oder schmecken schnell ranzig.**

Nüsse, so viel man mag
Salz, Cayennepfeffer
Rosmarin, fein gehackt
Puderzucker

**SÜSSE VARIANTE**

1 EL Amarettolikör

Als Knabberei liebe ich es, die Nüsse in der Bratpfanne leicht zu rösten. Dafür etwas Salz, Cayennepfeffer und fein gehackten Rosmarin zugeben. Damit die Gewürze an den Nüssen haften bleiben, bestäube ich sie mit wenig Puderzucker. Der karamellisierte Zucker hält nicht nur die Gewürze an der Nuss, sondern verleiht ihr auch einen schönen Glanz.

**Süße Variante**

Als süße Variante röste ich die Nüsse auf kleiner Flamme leicht an und bestäube sie dabei mit etwas mehr Puderzucker. Sobald sie vom Karamellisieren glänzen, lösche ich sie mit dem Amaretto ab und lege sie sofort auf einem Backpapier flach aus.
Diese Nüsse eignen sich nicht nur als süße Knabberei, sondern geben auch Desserts einen crunchy Akzent.

Für beide Varianten eignen sich jegliche Nussarten oder -mischungen.

# BERGAMOTTE-HONIG-SALATSAUCE

1–2 unbehandelte Bergamotten (je nach Größe), Schale und Saft
1 EL einheimischer Honig
2 Frühlingszwiebeln
50 ml Walnussöl (Baumnussöl)
Salz, schwarzer Pfeffer aus der Mühle
Thymian, Schnittlauch oder krause Petersilie, fein gehackt, nach Belieben

**Die Königin der herbstlich-winterlichen Salatsaucen. Das blumige, parfümierte Aroma der Bergamotte harmoniert herrlich mit der Süße des Honigs und dem frischen nussigen Geschmack des Öls. Diese Sauce passt zum einfachen Endivien-, Feld- oder Chicoréesalat, aber auch zu warmem Wirsing (Wirz), Federkohl und Flower Sprouts, einer neu auf dem Markt erhältlichen Kreuzung aus Federkohl und Rosenkohl. Zu einem solchen Salat passen wunderbar Crostini mit Ziegenfrischkäse.**

Den Abrieb und Saft der Bergamotten in eine Schüssel geben. Den Honig dazugeben und darin auflösen.

Das Weiße der Frühlingszwiebeln fein schneiden und mit dem Stabmixer pürieren, dabei das Nussöl langsam dazugießen, bis eine luftig-sämige Emulsion entsteht. Die Emulsion zum Bergamotte-Honig-Gemisch geben. Mit Salz und schwarzem Pfeffer abschmecken. Das Grüne der Frühlingszwiebeln fein schneiden und dazugeben. Nach Belieben mit wenig Thymian, Schnittlauch oder krauser Petersilie anreichern.

**Variante**

Anstelle der Bergamotten kann man auch gut Bitterorangen oder normale Orangen verwenden. Allerdings fehlt dann das Blumige der Bergamotte.

# ROTE-BETE-SALAT MIT WALNÜSSEN

**Mein Favorit ist dieser vom jüdischen »Chrein« abgeleitete Randensalat.**

500–600 g rohe Rote Beten (Randen)
ca. 3 cm Meerrettich
Salz
Pfeffer aus der Mühle oder Piment oder zerstoßener rosa Pfeffer
100–150 ml Apfelessig oder Apfelbalsamico
1 Zwiebel, fein geschnitten, und/oder Apfelstücke, nach Belieben
frischer Thymian und Majoran, Blättchen abgezupft
100–150 ml Walnussöl (Baumnussöl)
Walnusskerne (Baumnusskerne) zum Garnieren

2 große Rote Beten raspeln, in kleine Würfel schneiden oder mit dem Gemüsehobel in dünne Scheiben hobeln und in eine Schüssel geben. Den Meerrettich darüberraspeln. Mit etwas Salz und Pfeffer oder zerstoßenem Piment beziehungsweise rosa Pfeffer abschmecken. Den Apfelessig oder Apfelbalsamico darübergießen und die Randen 2 Stunden marinieren.

Nach Belieben die fein geschnittene Zwiebel und/oder Apfelstücke dazugeben. Die Thymian- und Majoranblättchen daruntermischen und alles mit dem Walnussöl verfeinern. Mit Walnüssen garniert servieren.

## Variante

Als Variante mit etwas Sauerrahm, Kapern oder klein gehacktem Sardellenfilet verfeinern.

## Mein Tipp

Ein Klassiker ist Chicorée-Orangen-Walnuss-Salat, eine winterliche Spezialität, die ich sehr mag.

# LAMMFLEISCH MIT WALNUSS UND QUITTE

600 g Lammschulter, in 4 cm große Würfel geschnitten
4 Knoblauchzehen, fein gehackt
2 große Zwiebeln, fein gehackt
Olivenöl
100 g Walnusskerne (Baumnusskerne)
1 Peperoncini, fein gehackt
frischer Rosmarin, abgezupfte Nadeln
Salz, Pfeffer aus der Mühle
2 Quitten
300 ml Apfelwein
Safran

Das Lammfleisch zusammen mit dem Knoblauch und den Zwiebeln in erhitztem Olivenöl anbraten. Die Walnüsse mitrösten. Mit Peperoncini, Rosmarin, Salz und Pfeffer würzen.

Die Quitten schälen, in Schnitze schneiden und dazugeben. Kurz dünsten, dann mit dem Apfelwein ablöschen. Mit Wasser bedecken und zugedeckt 40–60 Minuten schmoren lassen. Vor dem Servieren abschmecken und mit etwas Safran bestreuen.

### Tipp

Um den Lammfleischgeschmack, den viele nicht so mögen, etwas zu neutralisieren, dem Fleisch 1 ungeschälte Walnuss beigeben und mitschmoren.

### Variante

Je nach Saison kann man das Gericht auch mit Birnen, Äpfeln oder Rhabarber zubereiten. Wer Früchte in Kombination mit Fleisch nicht mag, kann sie durch Knollen- oder Wurzelgemüse ersetzen.

# RAVIOLI MIT RICOTTA-WALNUSS-FÜLLUNG

**Ein Klassiker der piemontesischen Küche sind Ravioli mit Walnussfüllung.**

### TEIG (ERGIBT 400 G)

225 g Weizenmehl
75 g Hartweizendunst
3 zimmerwarme Eier
2 EL Olivenöl
Salz und Wasser nach Bedarf

### FÜLLUNG

200 g Ricotta
100 g Walnusskerne (Baumnusskerne), klein gehackt
50 g Parmesan, gerieben
1 Eigelb
1 TL Rosmarinnadeln, frisch gehackt
Salz, geriebene Muskatnuss, schwarzer Pfeffer aus der Mühle

Für den Teig das Mehl mit den restlichen Zutaten verkneten. Den Teig mehrmals, bei zunehmend engerem Walzenabstand, bis zur zweitfeinsten Stufe durch die Nudelmaschine drehen.

Für die Füllung den Ricotta mit Nüssen, Parmesan, Eigelb und den Rosmarinnadeln gut verrühren. Mit Salz, Muskat und schwarzem Pfeffer abschmecken.

Den Teig auf einer Arbeitsfläche auslegen und daraus mit einem Teigrädchen Quadrate von 6 x 6 cm Größe schneiden. Jeweils 1 Teelöffel Füllung auf die eine Teighälfte geben und die andere Hälfte mit Wasser bepinseln. Zusammenklappen und den Teig mit einer Gabel dem Rand entlang gut andrücken.

Die Ravioli in siedendem Salzwasser 2–4 Minuten garen, je nach Feinheit des Teiges. Für eine spätere Verwendung lagert man die fertigen Ravioli in einer flachen Schicht ausgelegt auf Backpapier und bestäubt sie mit Hartweizendunst.

**Mein Favorit: Die süße Raviolifüllung**

400 g Hartweizendunst (oder die Hälfte durch Weizenmehl ersetzt, so werden sie feiner), 4 Eier, wenig Salz, 1 Prise Zucker und 1 Esslöffel Nussöl zu einem Teig verarbeiten und diesen mehrmals, bei zunehmend engerem Walzenabstand, bis zur zweitfeinsten Stufe durch die Nudelmaschine drehen.

Für die Füllung 200 g Ricotta mit etwas Vanillemark, 100 g Walnusskernen, 2 Eigelb und 2 Esslöffeln Honig gut vermengen. Mit etwas abgeriebener Orangenschale, wenig Muskat und Zimt dezent würzen. Die Ravioli wie oben beschrieben, aber in ungesalzenem Wasser kochen.

**Mein Tipp**

Dieses warme Dessert ist die Krönung eines winterlichen Festmahls.

# VANILLEEIS MIT NUSSÖL

4 Kugeln Vanillerahmeis
4 EL Walnussöl (Baumnussöl)

Das Vanilleeis mit dem Walnussöl beträufeln und servieren.

**Mein Tipp**
Einfach, aber geschmacklich überraschend. Wichtig ist die Qualität des Eises. Dazu passt gut ein süßer Nusskrokant, ebenso wie Orangensalat oder Weißweinbirnen.

# SCHWARZE NÜSSE

Nicht von einer exotischen Nussart ist hier die Rede, sondern von einer alten Art des Einmachens von Nüssen, nach einem ähnlichen Verfahren wie bei der Produktion von Nussschnäpsen. Schwarze Nüsse sind eine weitgehend unbekannte unvergleichliche Delikatesse, deren Herstellung vor allem noch in der Pfalz und in Österreich gepflegt wird. Die aufwendige Prozedur lohnt sich – Monate später wird man mit einem kulinarischen Juwel belohnt. Schwarze Nüsse schmecken vorzüglich zu Käse.

500 g unreife grüne Walnüsse (Baumnüsse)
700 g Zucker
1 Prise Salz
2 Gewürznelken,
4 Pimentkörner,
1 Muskatblüte
1 Vanilleschote, längs aufgeschlitzt

Die Schale der Nüsse mit einer dicken Nadel 10- bis 15-mal einstechen, damit das Zuckerwasser später eindringen kann. Dabei am besten mit Einweghandschuhen arbeiten, da die grüne Nussschale viel Gerbsäure enthält und die Finger hartnäckig braun färbt. Die Nüsse 10 Tage in kaltem Wasser einlegen, dabei das Wasser täglich wechseln.

Die Nüsse in einen Topf geben, mit frischem kaltem Wasser bedecken und 30 Minuten kochen lassen. Dann abschütten und abtropfen lassen.

In einem zweiten Topf 600 ml Wasser mit 500 g Zucker, dem Salz, den Gewürzen und der aufgeschnittenen Vanilleschote aufkochen und rühren, bis sich der Zucker aufgelöst hat. Den Sirup über die abgetropften Nüsse gießen und 1 Tag stehen lassen. Dann den Sirup wieder in den Topf abgießen, mit weiteren 50 g Zucker nochmals aufkochen, wiederum zu den Nüssen geben und diese erneut 1 Tag stehen lassen. Am dritten Tag dieselbe Prozedur mit 75 g Zucker wiederholen. Am vierten Tag den Sirup mit den Nüssen und den verbleibenden 75 g Zucker aufkochen und in heiß ausgespülte Gläser steril abfüllen und verschließen.

Nach etwa 6 Monaten, also gegen Weihnachten, sind die schwarzen Nüsse genussreif. Sie müssen mindestens 6 Wochen ziehen. Am besten sind sie jedoch nach 2 bis 4 Jahren, denn dann haben sie geschmacklich ihren Höhepunkt erreicht.

### Tipps

Nach herkömmlicher Regel sollen die unreifen grünen Nüsse kurz vor dem 24. Juni (Johannistag) geerntet werden; je nach Vegetationsverlauf kann es auch mal Mitte Juni oder Anfang Juli sein. Die Nüsse sollten schon ausgebildet sein, aber die Schale noch nicht verholzt.

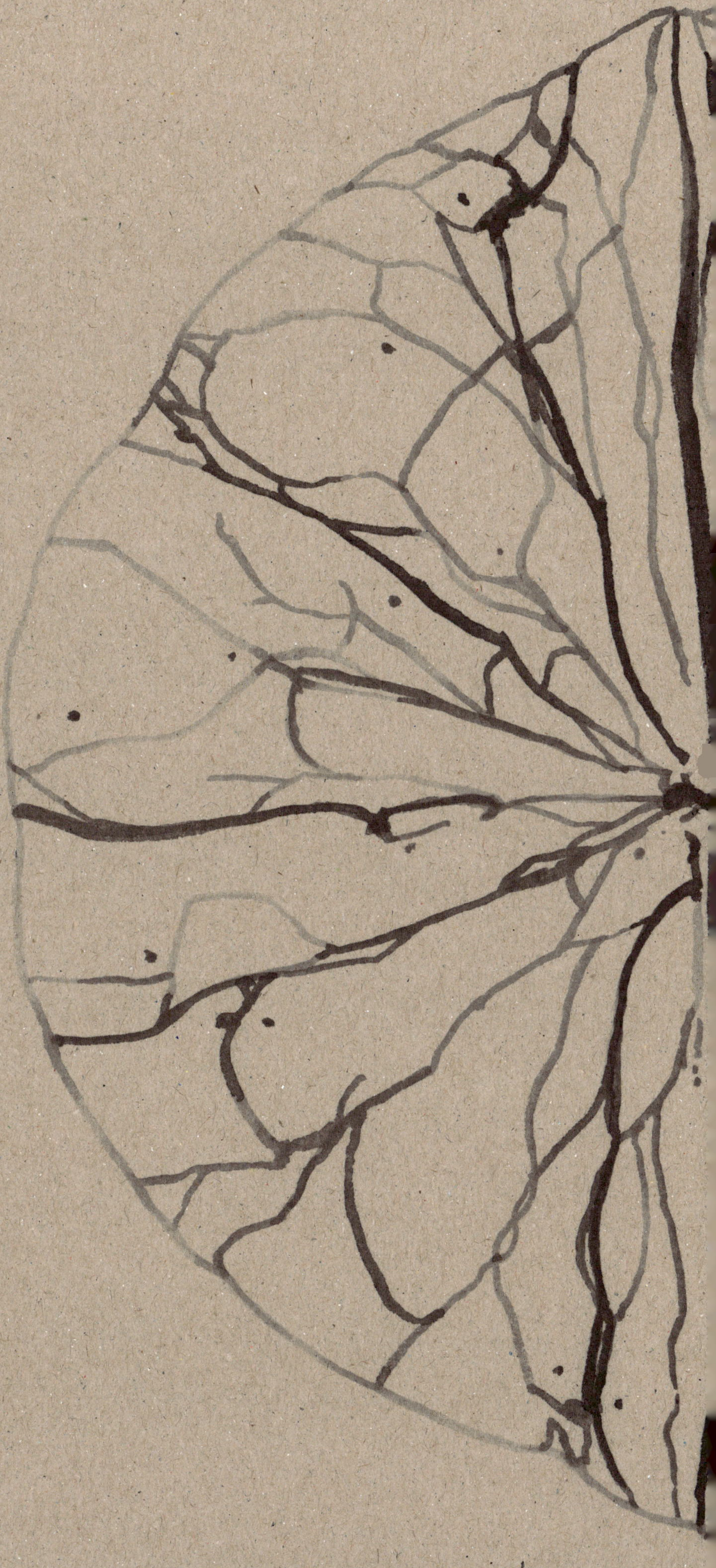

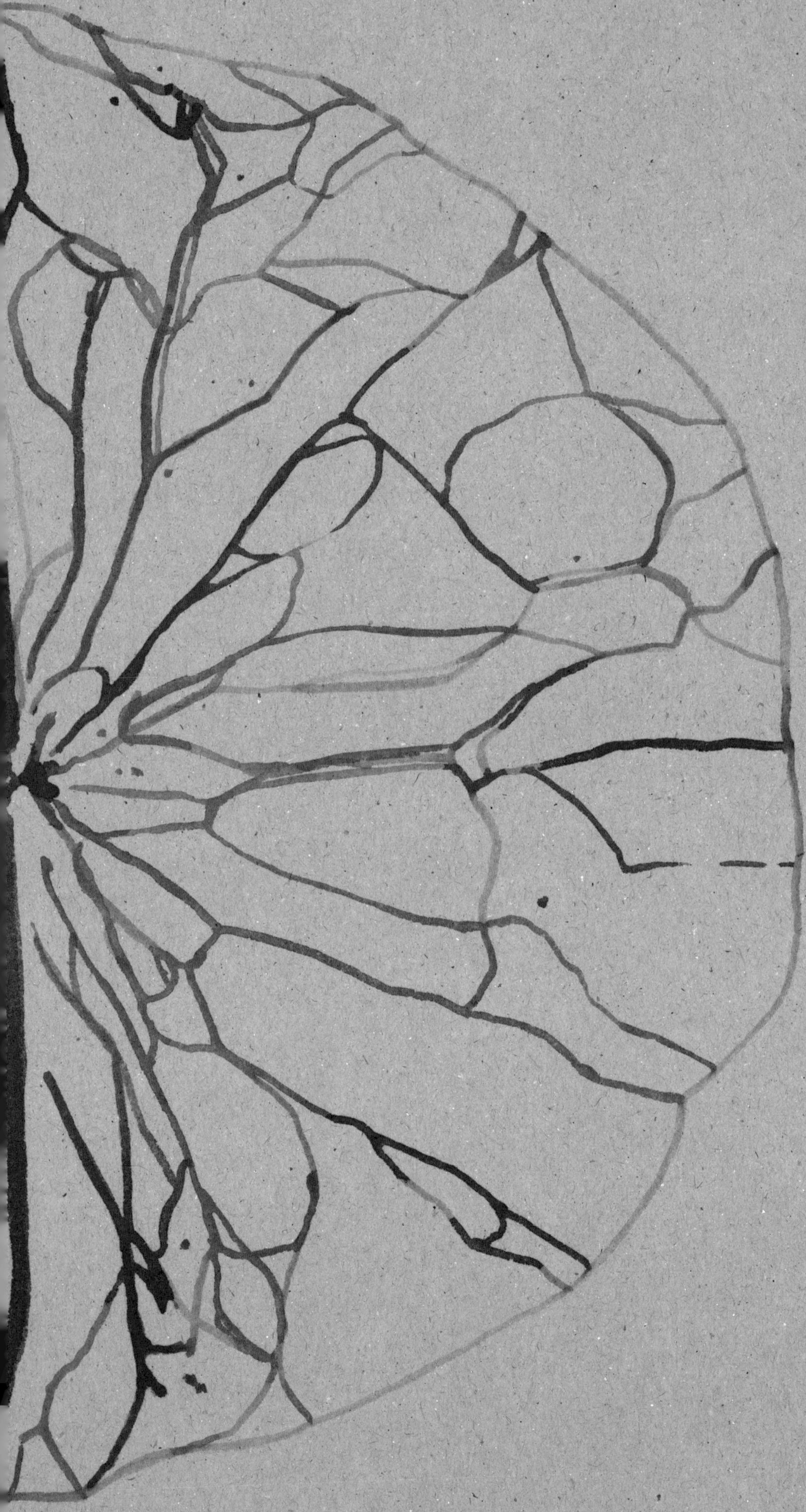

## MAURICE MAGGI

Autor und Rezeptkreateur

Im Sommer 1955 in Zürich geboren, im selben Monat, als Bill Haley mit »Rock Around the Clock« die ganze USA in Schwingung versetzte. Aufgewachsen in Rom, was seine Kulinarik von Kind auf fundamental prägte und ihn die Nähe zum Herd als elementar für das Leben erfahren ließ – ein Ort der Geborgenheit, an dem zudem immer etwas für den Magen abfällt. Dies war bei sechs Geschwistern und knappem Familienbudget auch nach der Rückkehr in die Schweiz wichtig.

So spielt für Maurice Maggi Essen seit seiner Kindheit eine wichtige Rolle: Er kauft gerne ein und kocht, so oft es geht, mit viel Zuneigung und Freude, am liebsten aufwendig und auserwählt. Dabei waren während seines ganzen Berufslebens als Gärtner und als Koch Pflanzen seine Passion – Gemüse und Früchte als die wichtigsten und ökologisch verträglichsten Grundnahrungsmittel für die einstige wie auch die künftige Ernährung der Menschheit. Darin erwarb er sich reiche Erfahrung und fundierte Kenntnisse, vom Säen über das Ernten bis hin zur Veredelung als Speise.

Die Mischung von solidem Handwerk, einfühlsamer Kreativität und reichem Geschmackssinn zeichnen sein Leben und Schaffen aus. Sein Revier ist der urbane Raum, darin bewegt er sich – und hält dabei seinen Kopf gerne bedeckt …

**JULIETTE CHRÉTIEN**

Fotografin

Während eines Schneesturmes im Winter 1986 in Zürich geboren, liebt sie seither das endlose Zählen der Schneeflocken vor dem Himmelsgrau. Doch nicht nur der graue Hintergrund beschäftigte sie damals, sondern auch die Frage, ob ein Zebra weiße Streifen auf schwarzem Hintergrund oder schwarze Streifen auf weißem Hintergrund hat. Sie fand Gefallen an Fragen, die nicht zu beantworten sind, und begab sich auf eine Reise in die Zukunftsforschung, die sie bis nach Paris in ein Trendforschungsbüro führte.

In Kindheitstagen träumte sie davon, täglich einen Kuchen zu backen. Da sich so viel Kuchen aber nicht ohne Folgen für die Figur bewältigen lässt, griff sie stattdessen zur Fotokamera. Seither ist es ihr Bestreben, den wohlig warmen und gemütlichen Duft, der aus einer beseelten Küche strömt, durch ihre besondere Ästhetik in fotografischer Form auszudrücken.

## MIRA GISLER

Illustratorin und Stylistin

Ihr Urgroßvater stammte aus dem Valseccho, einem Tal in Norditalien, von dessen Bewohnern man sagte, sie seien »le volpi della valle, che vengono fuori per viaggiare«. Dem folgte sie, ist weit gereist, hat viel entdeckt und gelernt. Beobachtend, was passiert, erkennend, was im nächsten Moment schon vorbei ist. Der Großvater, Polsterer, Zeichner und Holzschnitzer, stand bis neunzig noch im Garten, geprägt vom einfachen Leben draußen. So ist auch ihr die Natur oft näher als der Mensch, das Handwerk lieber als die Technik.

Darum bemüht, spielend zu entdecken, sich weiterzuentwickeln, zu wachsen, begleiten sie stets Stift und Papier. Es geht ihr darum, Dinge zu sehen, sie zu erfassen und zum Ausdruck zu bringen, in ihren Illustrationen und in ihrem Styling. Durch ihr Wirken möchte sie Geschichten erzählen, neue Perspektiven ermöglichen, Zeit schenken für einen Moment der Aufmerksamkeit. Das Jetzt.

# DANKE

GMT Party Team, Wädenswil, Christina Muser
Für die Unterstützung und das große Verständnis, die es mir erlaubten, das Buch zu realisieren.

Pierre Thomé, Leiter Illustration BA, Hochschule Luzern, Design & Kunst
Wo ich seit 2003 doziere und an den Diplomfeiern ein Spanferkel brate.

Judith Aebli und Daniel Liechti, Biogemüse, Ebmatingen
Ihre Produkte füllen seit bald dreißig Jahren meinen Magen mit saisonaler Nahrung.

Gärtnerei Bio-Birchhof, Oberwil-Lieli, www.bio-birchhof.ch
Wenn ich Zürich nicht plündern will, kommen Blüten und Wildkräuter vom Land.

Familie Gloor, Interfisch AG Dozwil, www.interfisch.ch
Hier beziehe ich seit 1990 Schweizer Seefische, ab und an auch mal Pulpo und Muscheln.

Tritt Käse, Samuel Spörri, www.tritt.ch
Obwohl mir persönlich ein paar milde Käse wie ein junger Emmentaler genügen, brauche ich für Gäste ein breiteres Sortiment, und das finde ich hier.

Metzgerei Reif, Zürich, www.reif-metzgerei.ch
Fleisch braucht neben einer guten Herkunft auch viel Pflege. Darum ist für den Koch der Metzger eine wichtige Vertrauensperson.

Bio-Hof Garadur, Daniel Schlegel und Marco Kunz, Walenstadtberg
Wenn ich ein Huhn wäre, wünschte ich mir das glückliche Leben auf diesem Hof. Danke den Hühnern fürs Ruhighalten, denn ich fürchtete ihr Geflatter.

Weber Fischerei GmbH, Michele Weber, Hurden SZ
Für den stimmigen Sonnenaufgang auf dem Obersee und seine große Achtung der Natur.

Käserei Chechaschöl, Chatrina Mair, Tschlin GR, www.chechaschöl.ch
Eine schöne Käserei mit einzigartigen Käsen am verwunschensten Ort im Engadin.

Den Schwestern Fiechter, www.fiechter-markt.ch
Seit meiner Kindheit kenne und schätze ich ihre Produkte, die ein wenig »Italianità« nach Zürich bringen.

# REZEPTVERZEICHNIS

## KARTOFFEL



## EI



## ZWIEBEL

## SCHWEIN



## MILCH UND KÄSE



## APFEL



## KOHL

## ZITRONE



## FISCH



## BAUMNUSS